MASAJI ISHIKAWA

FLUSS IN DIE FREIHEIT

MASAJI ISHIKAWA

FLUSS IN DIE FREIHEIT

Meine spektakuläre Flucht aus Nordkorea

riva

Bibliografische Information der Deutschen Nationalbibliothek
Die Deutsche Nationalbibliothek verzeichnet diese Publikation in der Deutschen Nationalbibliografie. Detaillierte bibliografische Daten sind im Internet über http://dnb.d-nb.de abrufbar.

Anmerkung: Zum Zeitpunkt der Veröffentlichung des Buchs in Japan änderte Ishikawa einige Namen und hielt manche Details zurück, um seine Familie und seine Freunde in Nordkorea zu schützen. Zudem benutzte er das Pseudonym Shunsuke Miyazaki (in japanischer Wortfolge Miyazaki Shunsuke). Ansonsten hat er alle Ereignisse, die in diesem Buch beschrieben werden, so niedergeschrieben, wie sie ihm in Erinnerung geblieben sind oder wie er es von anderen erfahren hat.

Für Fragen und Anregungen
info@rivaverlag.de

1. Auflage 2020

Nymphenburger Straße 86
D-80636 München
Tel.: 089 651285-0
Fax: 089 652096

Die japanische Originalausgabe erschien 2000 bei 新潮社 unter dem Titel 北朝鮮大脱出 地獄からの生還. Die deutsche Übersetzung basiert auf der englischen Erstausgabe, die 2017 bei Amazon Crossing, Seattle, erschienen ist.

Übersetzung: Egbert Baqué
Redaktion: Sabine Franke
Umschlaggestaltung: Marc-Torben Fischer
Umschlagabbildung: ©2016 Hisanori Niizuma, aphotostory/Shutterstock, Joshua Davenport/Shutterstock
Satz: Carsten Klein, Torgau
Druck: GGP Media GmbH, Pößneck
Printed in Germany

ISBN Print 978-3-7423-1567-0
ISBN E-Book (PDF) 978-3-7453-1242-3
ISBN E-Book (EPUB, Mobi) 978-3-7453-1243-0

INHALT

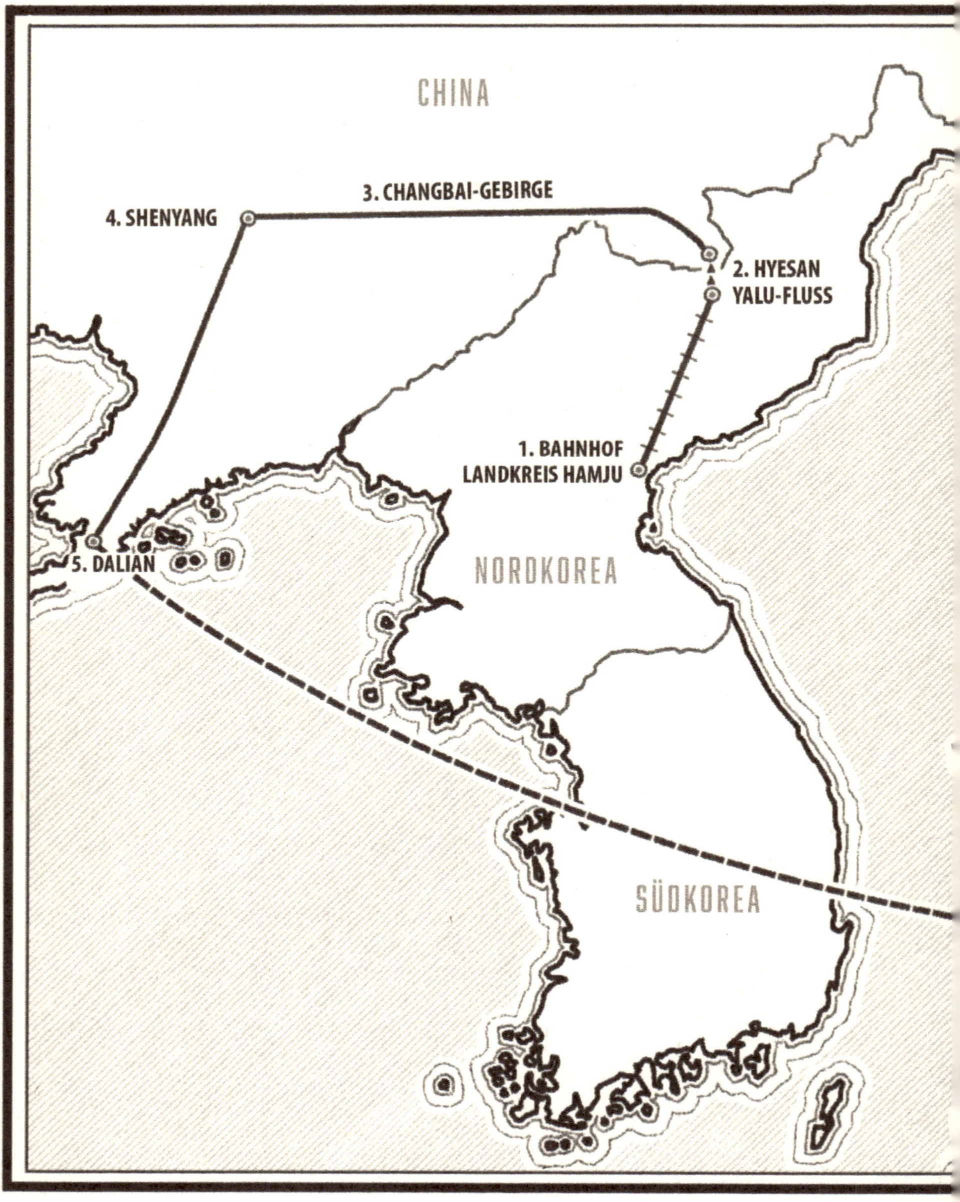
CHINA
3. CHANGBAI-GEBIRGE
4. SHENYANG
2. HYESAN
YALU-FLUSS
1. BAHNHOF
LANDKREIS HAMJU
5. DALIAN
NORDKOREA
SÜDKOREA

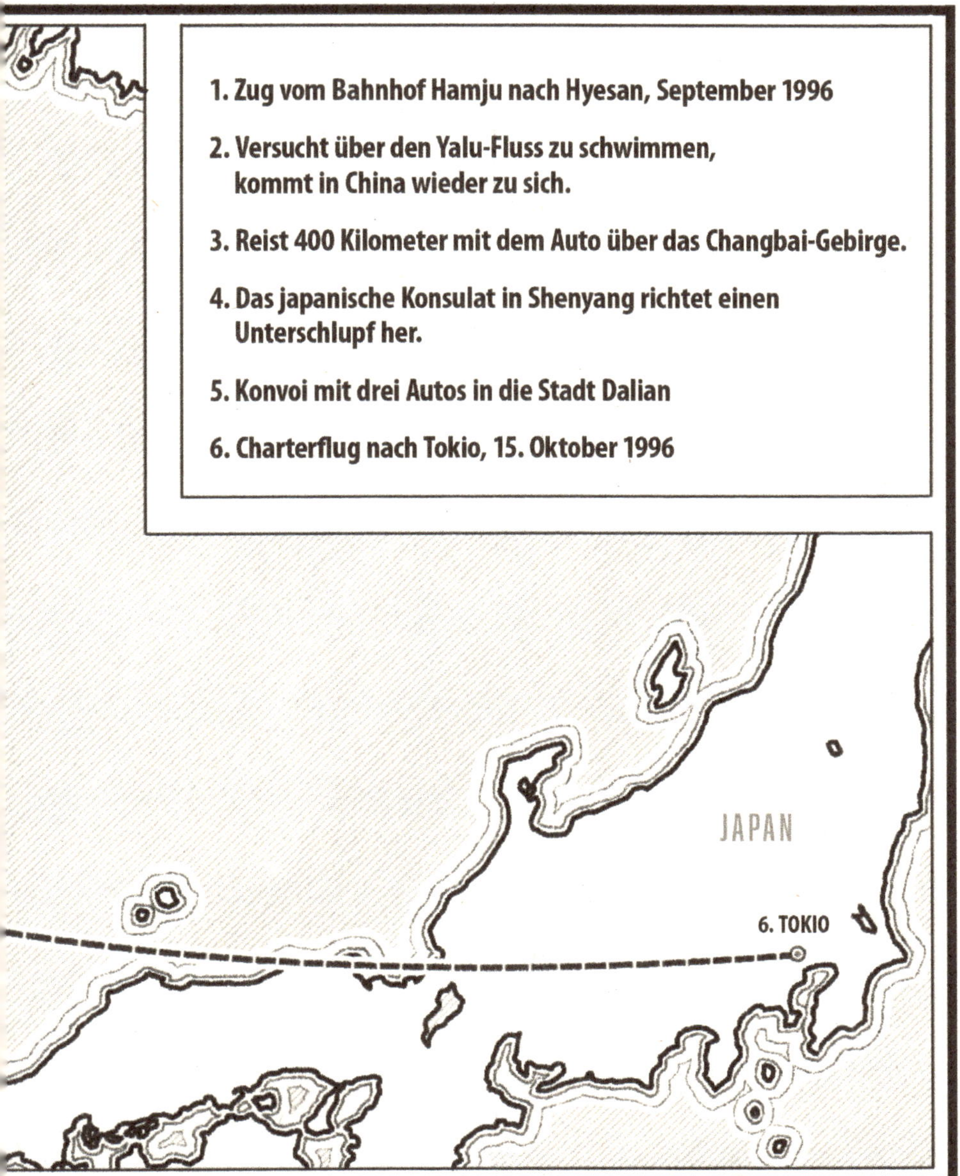
1. Zug vom Bahnhof Hamju nach Hyesan, September 1996
2. Versucht über den Yalu-Fluss zu schwimmen, kommt in China wieder zu sich.
3. Reist 400 Kilometer mit dem Auto über das Changbai-Gebirge.
4. Das japanische Konsulat in Shenyang richtet einen Unterschlupf her.
5. Konvoi mit drei Autos in die Stadt Dalian
6. Charterflug nach Tokio, 15. Oktober 1996
JAPAN
6. TOKIO

PROLOG

Was ich von jener Nacht in Erinnerung habe? Der Nacht, in der ich aus Nordkorea floh? Da gibt es so viele Dinge, an die ich mich *nicht* mehr erinnern kann, die ich für immer aus meinem Gedächtnis verdrängt habe ... Aber ich erzähle Ihnen, woran ich mich erinnere.

Es nieselt. Doch bald schon wird aus dem Nieseln ein sintflutartiger Regen. Die Regenschauer sind so stark, dass ich bis auf die Haut durchnässt bin. Unter dem Schutz eines Buschs breche ich zusammen; ich bin völlig außerstande, das Verstreichen der Zeit einzuschätzen. Ich bin total erschöpft.

Meine Beine sind im Schlamm versunken, aber irgendwie krieche ich unter dem Busch hervor. Zwischen den Zweigen kann ich vor mir den Yalu-Fluss sehen. Doch er hat sich verändert – und ist jetzt überhaupt nicht mehr wiederzuerkennen. Als heute Morgen Kinder darin herumwateten, war es kaum mehr als ein Strom. Aber die Regenkaskaden haben ihn in eine unpassierbare reißende Flut verwandelt.

Auf der anderen Seite des Flusses, ungefähr dreißig Meter entfernt, kann ich China sehen, von Nebel eingehüllt. Dreißig Meter – die Entfernung zwischen Leben und Tod. Ich erschauere. Ich weiß, dass vor mir schon zahllose Nordkoreaner hier gestanden haben, im Schutze der Dunkelheit nach China hinüberblickten, während in ihren Köpfen Erinnerungen an Menschen kreisten, die sie gerade zurückgelassen hatten. Diese Menschen waren wie die, die ich verlassen habe, am Verhungern. Was sonst konnten sie tun? Ich starre auf den reißenden Strom und frage mich, wie viele von ihnen es geschafft haben.

Andererseits, welchen Unterschied würde es machen? Wenn ich in Nordkorea bleibe, werde ich verhungern. So einfach ist das. Auf diese Weise habe ich wenigstens eine Chance – eine Chance, dass ich es schaffe und dann in der Lage sein werde, meine Familie zu retten oder ihr wenigstens irgendwie zu helfen. Meine Kinder waren schon immer mein Lebensinhalt. Ich nutze ihnen nichts, wenn ich tot bin. Aber ich kann noch immer nicht glauben, was ich mir da vorgenommen habe. Wie viele Tage sind vergangen seit meiner Entscheidung, über die Grenze zu fliehen und in das Land meiner Geburt zurückzukehren? Ich denke darüber nach.

Vier Tage ... Es kommt mir wie eine Ewigkeit vor. Vor vier Tagen habe ich mein Haus verlassen. Ich schaute in das Gesicht meiner Frau, in die Gesichter meiner Kinder, und mir war klar, es könnte das letzte Mal sein. Ich konnte es mir jedoch nicht erlauben, mich solchen Gedanken hinzugeben. Wenn ich eine Chance haben sollte, ihnen zu helfen, musste ich gehen, solange ich noch die Kraft zur Flucht hatte. Oder bei dem Versuch sterben.

Und was habe ich seither gegessen? Ein paar Hülsen von Zuckermais, ohne die Körner. Ein merkwürdiges Apfelkerngehäuse. Ein paar Speisereste, die ich aus dem Müll anderer geklaubt habe.

Ich schaue mich nach den Wachen um, von denen ich weiß, dass sie ungefähr alle fünfzig Meter am Flussufer lauern. Ich bin bereit, an völliger Erschöpfung zu sterben oder bei meinem Versuch, den Fluss zu überqueren, zu ertrinken. Aber ich werde es nicht zulassen, dass mich die Wachen gefangen nehmen. Alles, nur das nicht. Ich stürze mich in den Fluss.

Die letzten Worte, die ich meiner Familie sagte, klingen mir noch immer in den Ohren. *Wenn mir die Flucht auf die eine oder andere Weise gelingt, dann bringe ich, um welchen Preis auch immer, auch euch hier raus.*

KAPITEL 1

Man sucht es sich nicht aus, geboren zu werden. Man wird einfach geboren. Und deine Geburt ist dein Schicksal, sagen manche. Ich sage: Zur Hölle damit. Und ich sollte es wissen. Ich bin nicht nur einmal, sondern fünfmal geboren worden. Und fünfmal hab ich die gleiche Lektion gelernt. Manchmal im Leben muss man sein sogenanntes Schicksal an der Kehle packen und ihm den Hals umdrehen.

Mein japanischer Name ist Masaji Ishikawa und mein koreanischer Name lautet Do Chan-sun. Ich wurde (zum ersten Mal) im Viertel Mizonokuchi der Stadt Kawasaki, südlich von Tokio, geboren. Es war mein Pech, zwischen zwei Welten geboren zu werden – ich hatte einen koreanischen Vater und eine japanische Mutter. Mizonokuchi ist eine Gegend mit sanft abfallenden Hügeln, die heutzutage an den Wochenenden von Besuchern aus Tokio und Yokohama, die der Stadt entfliehen wollen und ein Bedürfnis nach frischer Luft haben, überfüllt ist. Doch vor sechzig Jahren, als ich ein Kind war, gab es hier kaum mehr als ein paar Bauernhöfe, zwischen denen vom Tama-Fluss gespeiste Bewässerungskanäle verliefen.

Damals wurden die Bewässerungskanäle nicht nur für die Landwirtschaft genutzt, sondern auch für Hausarbeiten wie Wäschewaschen und Geschirrspülen. Als Junge verbrachte ich lange Sommertage damit, in den Kanälen zu spielen. Ich legte mich in eine große Waschwanne und ließ mich den ganzen Nachmittag auf dem Wasser treiben, sonnte mich und beobachtete, wie die Wolken über den Himmel zogen. Für meine Kinderaugen ließ die langsame Bewegung dieser dahintreibenden Wolken den Himmel wie ein ungeheuer weites Meer erscheinen. Ich fragte mich, was geschehen würde, wenn ich meinen Körper mit den Wolken treiben ließe. Könnte ich das Meer überqueren und ein Land erreichen, von dem ich noch gar nichts wusste? Von dem ich noch nie gehört hatte? Ich dachte an endlose Möglichkeiten in meiner Zukunft. Ich wollte armen Leuten helfen – Familien wie meiner –, reicher zu werden, damit sie die Mittel hatten, ihr Leben zu genießen. Und ich wollte, dass die Welt friedvoll ist. Ich träumte davon, eines Tages Premierminister von Japan zu werden. Wie wenig ich doch wusste!

Oft kletterte ich in der Frische des frühen Morgens auf einen nahe gelegenen Hügel und fing Käfer. Zu Festzeiten lief ich dem tragbaren Schrein und den Tänzern mit den Löwenmasken hinterher. Alle meine Erinnerungen sind ganz wunderbar. Meine Familie war arm, doch meine Kindheitstage in Mizonokuchi waren die glücklichsten meines Lebens. Denke ich an meinen Heimatort, kann ich die Tränen selbst heute kaum zurückhalten. Ich würde alles dafür geben, diese glückliche Zeit noch einmal zu erleben, mich wieder so unschuldig und voller Hoffnung zu fühlen.

Am Stadtrand von Mizonokuchi gab es ein Dorf, in dem ungefähr zweihundert Koreaner lebten. Später fand ich heraus, dass die meisten von ihnen aus Korea mehr oder weniger verschleppt worden waren – sie sollten in der nahe gelegenen Munitionsfabrik arbeiten. Mein Vater, Do Samdal, war einer von ihnen. Geboren auf einem Bauernhof in Bongchon-ri, einem Dorf im heutigen Südkorea, wurde er im Alter von vierzehn Jahren abkommandiert – tatsächlich aber entführt – und nach Mizonokuchi gebracht.

Doch bis ich in die Grundschule kam, wusste ich noch nicht einmal, dass ich einen Vater hatte. Zumindest habe ich keine Erinnerungen an ihn, die weiter zurückreichen. Tatsächlich wurde mir die Existenz meines Vaters zum ersten Mal bewusst, als mich meine Mutter an einen seltsamen Ort mitnahm, der, wie ich später feststellte, ein Gefängnis war, um einen Mann zu besuchen, den ich nicht kannte. Das war der Tag, an dem meine Mutter mir sagte, wer mein Vater ist.

Schließlich erschien der Mann, den ich durch das Fenster des Besucherraums gesehen hatte, in unserem Haus. Er war in der Gegend dafür berüchtigt, ein rauer Kerl zu sein, und unsere Verwandten mieden ihn. Er war fast nie zu Hause, aber wann immer er da war, verbrachte er die meiste Zeit damit, stark riechenden Schnaps hinunterzukippen. Er konnte in kurzer Zeit ein paar Liter Sake verputzen. Was jedoch schlimmer war: Wann immer er zu Hause war, betrunken oder nicht, schlug er meine Mutter. Meine Schwestern waren so verängstigt, dass sie sich stets in einer Ecke wegduckten. Ich versuchte, ihn aufzuhalten, indem ich mich an sein Bein klammerte, aber er stieß mich immer weg.

Meine Mutter versuchte, nicht zu schreien, und ertrug die Qual mit zusammengebissenen Zähnen. Ich fühlte mich hilflos und hatte Angst um sie, konnte aber nichts machen. Mit der Zeit gab ich mir die größte Mühe, ihm einfach aus dem Weg zu gehen – was nicht so schwierig war, da er mir ohnehin nie besondere Aufmerksamkeit widmete. Aber es ging mir mehr als einmal durch den Kopf, dass ich, wenn ich erwachsen wäre, nach ihm kommen könnte.

Der Name meiner Mutter war Miyoko Ishikawa. Sie wurde 1925 geboren. Ihre Eltern betrieben einen Laden an der Ecke der alten Einkaufsstraße, in dem sie Hühner verkauften. Meine Großmutter, Hatsu, führte das Geschäft und ihre Arbeit war schwierig und schmutzig. Das Hühnerfleisch war nicht wie heute fein säuberlich geschnitten und verpackt – nichts dergleichen. Vor dem Laden standen, kreuz und quer verteilt, Käfige, und kam ein Kunde, griff sich meine Großmutter ein kreischendes Huhn aus seinem Käfig und schlachtete es auf der Stelle.

Meine Großmutter litt an Asthma, und so hatte sie häufig Hustenanfälle. Immer wenn sie mich erblickte, wenn ich aus der Schule, oder nachdem ich irgendwo spielen gewesen war, nach Hause kam, krümmte sie ihren Rücken und sagte: »Mabo, kannst du mir den Rücken rubbeln?« Dann streichelte und massierte ich ein paar Minuten lang ihren kleinen Rücken. Während dieses Beisammenseins sagte sie immer zu mir: »Du bist ein lieber Junge. Du solltest nicht wie dein Vater sein. Ich kann einfach nicht verstehen, warum deine Mutter den Fehler gemacht und ihn geheiratet hat.«

Ich konnte verstehen, warum sie das Wort »Fehler« verwendete. Die Familie Ishikawa wurde respektiert und hatte in der Gegend eine lange Tradition. In Mizonokuchi gab es viele Zweige der Familie Ishikawa. Sie und der Rest der örtlichen Bevölkerung bildeten eine eng verbundene Gemeinschaft. Mein Großvater, Shoukichi, starb, bevor ich geboren wurde, aber mir wurde immer wieder erzählt, dass er ein guter und freundlicher Mann war, der sich um seine Familie und um andere in seiner Gemeinschaft kümmerte. Er schickte meine Mutter auf eine höhere Schule für Mädchen und ermutigte sie, nähen zu lernen. Obwohl die Familie nicht gerade als reich bezeichnet werden konnte, tat er sein Bestes, seinen Kindern eine Art von Ausbildung zu ermöglichen.

Meine Mutter war eine Frau mit einem starken Charakter. Sie hatte ein ovales Gesicht, das auf seine Art schön war. Mein Vater seinerseits hatte scharfe, messerscharfe Augen, einen gut gebauten Körper und muskulöse Schultern. Ich weiß nicht, was meine Mutter an ihm fand – vielleicht fühlte sie sich von seinem Selbstvertrauen und seinen Überlebensinstinkten angezogen. Ich weiß allerdings, dass die örtliche Gemeinschaft fassungslos war, als die beiden begannen zusammenzuleben. Hinter ihrem Rücken nannten die Leute sie »die Schöne und das Biest« und fragten sich, warum meine Mutter einen so schrecklichen Mann geheiratet hatte.

Meine Großmutter sagte einmal zu mir: »Koreaner sind Barbaren.« Ich liebte sie, aber diese Bemerkung nahm ich ihr übel. Obwohl ich mich als Japaner empfand – und das aus voller Überzeugung –, war ich, wie sie genau wusste, Halbkoreaner. Die älteren Brüder meiner Mutter, Shiro und Tatsukichi, machten gelegentlich ähnliche Bemerkungen. Sie waren zum

Dienst in der japanischen Armee in der Mandschurei eingezogen worden und beschrieben Koreaner stets als arm und ungepflegt, wie eine Horde Gorillas. Natürlich trauten sie sich nie, so etwas in Gegenwart meines Vaters zu sagen. Aber wenn mein Vater nicht in der Nähe war, sagte Shiro oft: »Miyoko sollte sich besser so bald wie möglich von ihm scheiden lassen. Koreaner sind einfach von Grund auf verdorben.« Obwohl ich immer ein ungutes Gefühl hatte, wenn er solche Dinge sagte, konnte ich nicht umhin, ihnen zuzustimmen. Ich hegte eine starke Abneigung gegen meinen Vater, der dem Ruf der Koreaner als Barbaren natürlich jedes Mal, wenn er meine Mutter schlug, gerecht wurde. Angesichts der Tatsache, dass wir dabei zuschauen mussten, wie er sie Tag für Tag quälte – und dabei mich und meine Schwestern zu Tode erschreckte –, war es kaum verwunderlich, dass mir die Koreaner, wie meiner Großmutter, immer mehr zuwider wurden.

Mein Vater stolzierte immer mit zwanzig oder dreißig koreanischen Mitläufern im Schlepptau durch unser Viertel. Er war einer der Platzhirsche in der koreanischen Gemeinschaft, und es machte ihm Spaß, sich mit jedem Japaner zu prügeln, der ihm auf die Nerven ging. Es war ihm egal, mit wem er es dabei zu tun hatte. Ein bestimmter Polizist? Na klar. Ein Militärpolizist? Nur her damit. Die Koreaner konnten sich auf seinen Schutz verlassen, aber die Japaner hat er zu Tode erschreckt.

Mein Vater bestand immer darauf, die Dinge auf seine Weise zu regeln. Nach dem Ende des Zweiten Weltkriegs eröffnete er mit einigen seiner Kumpane einen Schwarzmarktstand am Straßenrand. Sie verkauften Dosennahrung, die in der Munitionsfabrik, in der mein Vater früher gearbeitet hatte, produziert wurde, und Zucker, Mehl, Schiffsgebäck, Kleidung und andere Sachen, die sie sich illegal über amerikanische GIs beschafft hatten. Eines Tages gerieten mein Vater und seine Kumpel wegen der Waren, die er verkaufte, in eine riesige Schlägerei mit amerikanischen Soldaten. Er war aus gutem Grund berüchtigt.

Nicht, dass mein Vater viele Möglichkeiten gehabt hätte. Die japanische Niederlage im Zweiten Weltkrieg führte dazu, dass nun 2,4 Millionen Koreaner in Japan festsaßen. Sie gehörten weder zu den Siegern noch zu den Verlierern und wussten nicht, wohin. Einmal befreit, wurden sie einfach auf die Straße gesetzt. Verzweifelt und verarmt und ohne jede Möglichkeit, sich ihren Lebensunterhalt zu verdienen, überfielen sie Lastwagen, die Lebensmittel transportierten, die für die Mitglieder der kaiserlichen japanischen Armee bestimmt waren, und verkauften die Beute auf dem Schwarzmarkt. Selbst diejenigen, die noch nie gewalttätig gewesen waren, hatten kaum eine andere Wahl, als sich den Gesetzlosen anzuschließen.

Auf seltsame Weise hat all diese Illegalität diese Menschen tatsächlich befreit. Während des Krieges hatten sie nur die Wahl zwischen zwei grausamen Perspektiven: Sie konnten entweder als Soldaten in der Armee ihres Feindes dienen oder als zivile Kriegsarbeiter schuften. Als Soldaten wurden sie an die Front geschickt und als menschliche Schilde gegen einen Beschuss benutzt. Die Arbeiter mussten bis zum Umfallen – und manchmal bis zum Tode – in Kohleminen oder Munitionsfabriken malochen. Da war das Leben als Bandit eine Art von Befreiung.

Irgendwann schloss sich mein Vater einer Organisation an, die damals als Allgemeine Vereinigung der Koreaner in Japan bekannt war und sich später Liga der Koreaner in Japan nannte. Diese Gemeinschaft für Koreaner in Japan verfolgte den Grundsatz der Freundschaft zwischen Japanern und Koreanern und bemühte sich, Koreanern dabei zu helfen, in Japan ein sicheres und geordnetes Leben zu führen. Doch so einfach, wie es sich anhörte, war es nicht. Schon vor dem Krieg hatten viele Koreaner, die eine unbeschränkte Aufenthaltsgenehmigung in Japan hatten, die Kommunistische Partei geschätzt. Die kommunistische Politik war antiimperialistisch ausgerichtet und die Partei setzte sich für die Rechte der in Japan ansässigen Koreaner ein. Nach dem Krieg, nicht lange nachdem die Vereinigung gegründet worden war, wurde ein bekannter Kommunist mit dem Namen Kim Chon-hae zusammen mit mehreren anderen Mitgliedern der Kommunistischen Partei aus dem Gefängnis entlassen. Diese Personen waren im Gefängnis widerständig geblieben und hatten sich geweigert, ihre Ansichten zu ändern. Nach ihrer Freilassung hatten sie auf die Vereinigung starken Einfluss, was natürlich dazu führte, dass sie sich stärker linksradikal ausrichtete. Doch das Grundprinzip, das damals das Verhalten meines Vaters bestimmte, hatte mit Sozialismus nichts zu tun. Für ihn war der Nationalismus entscheidend.

Aus meiner Perspektive gab es zwischen einer sozialistischen Bewegung, einer nationalistischen Bewegung und einer brutalen Schlägerei auf dem Schwarzmarkt keinen großen Unterschied. All diese Menschen hatten ein paar Dinge gemeinsam. Jeder von ihnen hatte seine eigene persönliche Geschichte in Japan – und sie waren alle arm. Sie wollten nur ihre eigene Existenz verfechten. Und das bedeutete, dass sie kämpfen mussten, wie auch immer sie konnten, um irgendeine Art von Macht zu erlangen.

Innerhalb der Vereinigung wurde mein Vater als »Tiger« bekannt. Das ist keine Überraschung. Er hatte seine »Eingreiftruppe« loyaler Straßenkämpfer, konkret eine Gruppe von Kerlen, die sich vor dem alten Laden versammelten, in einem eisernen Korb ein Feuerchen machten und sich den ganzen Tag lang Schnaps hinter die Binde gossen. Ich weiß nicht, ob sie über Probleme auf dem Schwarzmarkt diskutierten oder einfach nur darauf warteten, dass ihre Eingreiftruppe gebraucht wurde, aber wann immer etwas passierte und ihre Anwesenheit erforderlich wurde, traten sie in Aktion und eilten zum Schauplatz.

Am Ende brach für meinen Vater alles zusammen. Die Allgemeine Vereinigung der Koreaner in Japan wurde 1949 als terroristische Gruppe eingestuft und ihre Auflösung wurde angeordnet. Die Liga der Koreaner in Japan diente vielen als Ersatz, aber die Zeiten hatten sich geändert. Inzwischen war die öffentliche Ordnung wiederhergestellt worden, und jemand wie mein Vater, ein impulsiver und kaum gebildeter Straßenkämpfer, wurde einfach nicht mehr gebraucht. Was die neu gegründete Liga damals wirklich brauchte, waren qualifizierte Verwalter – für meinen Vater, der nicht einmal lesen konnte, gab es in der neuen Ordnung keinen Platz. Ich kann nicht umhin, mich heute zu fragen, ob ihn die Zurückweisung aus dieser Gruppe letztlich empfänglicher für die Versprechungen machte, die ihm nach und nach zu Ohren kamen, dass in Nordkorea ein großartiges Leben möglich sei ...

Derzeit stelle ich fest, dass mir immer mehr Erinnerungen wieder in den Kopf kommen. Manchmal wünschte ich, sie würden nicht zurückkommen.

Ich hatte drei jüngere Schwestern – Eiko, Hifumi und Masako –, aber in Japan lebten wir fast nie zusammen. Weil unsere Familie so arm war, wurden wir unter unseren Verwandten aufgeteilt, damit diese sich die Aufgabe, sich um uns zu kümmern, teilen und so die Last erleichtern konnten. Das änderte sich in meinem letzten Grundschuljahr, als wir alle nach Nakano in Tokio zogen. Mein Vater hatte beschlossen, sich um einen Job in der Bauindustrie zu kümmern. Das sagte er zumindest. Ich weiß noch, dass wir in großer Eile umziehen mussten. Wir hatten noch nicht einmal die Zeit, uns von unseren Nachbarn zu verabschieden, und wir mussten unsere geliebte Großmutter zurücklassen.

Obwohl es mich zunächst bekümmerte, alles, was ich kannte, hinter mir zu lassen und an einen Ort zu ziehen, den ich noch nie gesehen hatte, war ich anfangs mit unserem neuen Leben glücklich. Wir begannen wie eine richtige Familie zusammenzuleben. Am Morgen standen wir gemeinsam auf und abends gingen wir zusammen ins Bett. Wir aßen unsere Hauptmahlzeit gemeinsam und wir hatten familiäre Abläufe. Diese Kleinigkeiten bedeuteten mir so viel. Schließlich sind es meist die kleinen Dinge, die die Familien über ein Band der familiären Liebe zusammenhalten. Doch diese glückliche Zeit wurde, kaum dass sie begonnen hatte, zerstört. Es dauerte nicht lange, bis mein Vater wieder gewalttätig wurde – schlimmer als je zuvor.

Wenige Wochen nach unserer Ankunft fing mein Vater wieder an zu trinken, kaum dass er am Ende des Tages nach Hause zurückgekehrt war. Und er trank weiter, bis sein Gesicht einen finsteren Ausdruck annahm.

Wenn dies geschah, brachte meine Mutter meine Schwestern und mich in den angrenzenden Raum. Dann standen wir hilflos da und hörten, wie der unvermeidliche Ausbruch folgte. Der bösartige Klang seiner Stimme, als er unsere Mutter zusammenstauchte. Die Geräusche, als er sie schlug. Sein Ton, wenn er versuchte, ihre tränenreichen Schreie zu ersticken.

Dasselbe spielte sich Nacht für Nacht für Nacht ab. Oft konnte ich nicht verstehen, was er zu ihr sagte, aber was auch immer es war, sie schien sich nie gegen ihn zu wehren. Sie weinte nur. Einige Male versuchte ich, in das Zimmer zu platzen, um meinen Vater aufzuhalten. Einmal biss ich ihn sogar ins Bein. Aber er schmiss mich einfach zu Boden. Dann legte sich meine Mutter über mich, um mich mit ihrem Körper zu beschützen. Schließlich wurde es meinem Vater langweilig oder er war so betrunken, dass er aus dem Haus taumelte und in der Nacht verschwand. Und meine Mutter, meine Schwestern und ich saßen dann auf dem Boden, zusammengekauert und leise weinend.

Eines Nachts hörte einer unserer Nachbarn ihre Schreie und schritt ein. Einen Moment lang war mein Vater überrascht, doch kurz darauf packte er den Mann am Hals, drückte ihn gegen die Wand und schlug ihn bewusstlos. Danach kam nie wieder jemand zu uns herein.

Von nun an wurde es nur noch schlimmer. Wenn mein Vater spät in der Nacht nach Hause kam, weckte er meine Mutter auf, nur damit er sie wieder schlagen konnte. Und jede Nacht, wenn ich den Ausdruck des Wahnsinns in seinem Gesicht sah, hatte ich Angst. Es war, als würde man in das Gesicht eines Dämons blicken. Ich konnte nicht einschlafen. Mir stand nur ständig dieses Gesicht vor Augen. Und wenn ich dann einschlief, tauchte es in meinen Albträumen auf.

Dann kam die schlimmste Nacht von allen. Es war Herbst. Ich war zwölf oder dreizehn. Mein Vater kam wie immer stockbesoffen zu Hause an. Aber diesmal sagte er nichts. Er ging in die Küche und kam mit einem Küchenmesser zurück. Er drückte es meiner Mutter an den Hals und zwang sie, nach draußen mitzukommen. Mir war klar, dass ich ihnen folgen musste.

Ich versteckte mich hinter einem Busch und beobachtete, wie mein Vater meine Mutter einen steilen, von Kratern zerklüfteten Hügel hinaufzwang. Hier waren Erde und Sand für die Bauindustrie abgebaut worden. Ich folgte ihnen in der Dunkelheit, da drängte mein Vater meine Mutter an den Rand eines steilen Gefälles. Beim Anblick des in der dunklen Nacht schimmernden Messers zitterte ich vor Angst. Er stieß einen lauten Schrei aus, dann verpasste er ihr einen harten Stoß. Sie heulte auf, als sie rückwärtsstolperte und dann über die Kante kippte. Mein Vater stand einen Moment lang einfach nur da, und während er von oben hinabblickte, schimmerte das Messer noch immer in seiner Hand. Dann stapfte er in Richtung unseres Hauses zurück.

Ich rannte den Hügel hinauf, bis zum Rand und zu der Stelle, von der ich meine Mutter hatte hinabstürzen sehen. Ich konnte nicht erkennen, wie hoch es war, trotzdem sprang ich über den Rand. Glücklicherweise war der Boden weich und ich verletzte mich nicht. Meine Mutter lag da wie eine zerbrochene Puppe, ihre Bluse war von Blut durchtränkt. Ich zog sie hoch, hielt sie fest und schrie: »Du darfst nicht sterben! Stirb mir nicht weg! Du darfst jetzt nicht gehen und in meinen Armen sterben!« Endlich erlangte sie ihr Bewusstsein wieder. Während ich sie umarmte, sagte sie: »Masaji, ich muss fortgehen. Wenn ich das nicht tue, wird er mich töten. Du musst jetzt stark sein.« Ich hielt mich an ihr fest und fühlte mich hilflos und beraubt. Sie war alles für mich – der einzige liebenswürdige Mensch in meinem Leben –, aber ich wusste, sie hatte keine andere Wahl.

Ich half ihr, durch die Dunkelheit zu humpeln. Ich platzte durch die Tür in das Krankenhaus in der Nähe des Bahnhofs und weckte den Arzt. Er war ein netter Mann, der ihre Verletzungen, ohne zu zögern, behandelte. Wundersamerweise brauchte keine ihrer Wunden genäht zu werden.

Später saßen wir still zusammen auf einer Bank in der Nähe des Bahnhofs und warteten auf den ersten Zug des Tages. Plötzlich sprach meine Mutter.

»Mach dir keine Sorgen«, sagte sie. »Ich werde hart arbeiten und etwas Geld sparen. Und dann komme ich zurück zu dir und deinen Schwestern, also warte solange auf mich.«

Und dann weinte sie nur ganz still vor sich hin. Ihr Gesicht war schmaler und blasser, als ich es jemals gesehen hatte. Sie wirkte leer. Ich wollte stark sein. Aber da saß sie nun, hatte überall Schnitte und Blutergüsse, und ich konnte nichts dagegen tun. So fing auch ich an zu weinen, aus reiner Frustration und Verzweiflung. Warum musste sie eine so schreckliche Tortur ertragen? Warum hasste mein Vater sie so sehr? Sie war so freundlich und lieb. Es ergab für mich keinen Sinn.

Als der Zug in den Bahnhof einfuhr, stand meine Mutter auf, umarmte mich schnell und ging davon. Sie drehte sich um und winkte mir von der Fahrkartensperre aus zu. Dann trottete ich zu unserem Haus zurück. Ich fühlte mich wie betäubt, verwirrt und sehr allein.

Mein Vater tat so, als wäre nichts passiert. Und um das Ganze noch schlimmer zu machen, zog, kurz nachdem meine Mutter gegangen war, seine Geliebte bei uns ein. Ihr Name war Kanehara und sie stammte wie mein Vater aus Korea. Sie war boshaft und grausam, vor allem gegenüber meinen jüngeren Schwestern, doch mein Vater schlug Kanehara nie. Nicht ein einziges Mal. Tatsächlich schienen sie zu meiner Überraschung ziemlich ineinander vernarrt. Ständig lachten sie und lächelten einander an. Ihr Verhalten machte mich krank. Ich versuchte stark zu sein, doch meine Schwestern vermissten unsere Mutter so sehr, dass sie jede Nacht weinten. Wenn sie weinten, bekamen sie von Kanehara eine Ohrfeige und wurden von ihr beschimpft, was nur dazu führte, dass sie meine Mutter noch mehr vermissten.

Ich ging nicht mehr zur Schule und streifte stattdessen jeden Tag durch Tokio, auf der Suche nach meiner Mutter. Jeden Morgen stieg ich in den Zug und lief stundenlang durch die Straßen. So ging es mindestens ein halbes Jahr lang. Penibel und entschlossen, nicht aufzugeben, suchte ich jedes Restaurant in der Gegend ab, und schließlich wurde meine Mühe belohnt. Eines Nachmittags erblickte ich sie durch das Fenster eines Restaurants. Unfähig, mich zu bewegen, schaute ich ihr zu, wie sie einen Tisch abschrubbte. Dann begann ich zu weinen. Für den Restaurantbesitzer muss ich ziemlich verdächtig gewirkt haben, doch er winkte mich hinein. Ich rannte schnurstracks auf meine Mutter zu und umarmte sie.

Der Restaurantbesitzer gab mir freundlicherweise etwas zu essen. Und plötzlich sprudelten die Worte nur so aus mir hervor. Ich konnte nicht aufhören zu reden. Ich erzählte meiner Mutter alles über Kanehara – wie sie mit uns zusammenlebte und wie sie meine Schwestern behandelte, wie sehr sie sie vermissten und so weiter und so weiter. Sie lächelte sanft. »Hab noch ein wenig Geduld«, sagte sie. Dann gab sie mir ihre Halskette und einen goldenen Ring. »Wenn du irgendwelche Probleme hast«, sagte sie, »dann bring das zu einem Pfandleiher. Aber erzähle deinem Vater nichts von mir, okay? Sag ihm nicht, dass du mich gesehen hast. Erzähle ihm nicht, wo ich bin.«

Jetzt, da ich meine Mutter gefunden hatte, ging ich wieder zur Schule und besuchte sie, sobald der Unterricht zu Ende war, fast jeden Nachmittag. Manchmal, am Wochenende oder an Feiertagen, nahm ich meine jüngeren Schwestern mit. Der Restaurantbesitzer war sehr nett zu uns. Ich vermute, er kannte unsere Geschichte. Was Kanehara betraf, so konnte sie mich schlagen, so viel sie wollte, denn ich glaubte fest daran, dass meine Mutter eines Tages, und schon bald, zurückkommen und uns retten würde.

Blicke ich heute auf alles zurück, kann ich mir die damalige Gemütsverfassung meines Vaters vorstellen. Aber das, was er getan hat, kann ich ihm nicht vergeben.

In seiner Glanzzeit hatte er zwanzig oder dreißig Mitläufer. Und er war der Boss. Der Hauptdarsteller. Der Gottvater. Für den Schwarzmarkt bedeuteten Herkunft und Hintergrund gar nichts. Man konnte ein Ex-Soldat sein. Man konnte zu einer Adelsfamilie gehören. Japaner ... Koreaner ... Es spielte keine Rolle. Herkunft und Hintergrund waren egal. Alles, worauf es ankam, war die körperliche Stärke, und mein Vater wusste, wie er sich mit Gewalt durchsetzen konnte. Doch später, als der Krieg zu Ende war und überall wieder Normalität einkehrte, hatte seine körperliche Stärke keinen Wert mehr. Mit einem Mal waren Nationalität und Hintergrund das Entscheidende. Und in dieser neuen Hierarchie war mein Vater ein Nichts. Er hatte über seine Herkunft keine familiären Verbindungen. Schlimmer noch, er war Koreaner. Das machte es schwer, eine Arbeit zu finden. Als die Allgemeine Vereinigung der Koreaner in Japan verboten wurde, war seine Führungsrolle in seiner Eingreiftruppe dahin. Während seine Ex-Kameraden in der Liga der Koreaner in Japan in luftige Höhen aufstiegen, kroch er ohne Perspektive weiterhin im Dreck herum. So ließ er alles an meiner Mutter aus. Ihre Familie besaß immerhin etwas Eigentum und sie selbst hatte eine vernünftige Ausbildung – Dinge, nach denen er hungerte, die er selbst jedoch nie erlangen konnte. So trug sie die Hauptlast seines ganzen Zorns gegenüber der Welt. Anfangs fragte ich mich, warum er Kanehara nie schlug. Ich vermute, das hatte den Grund, dass sie Koreanerin war und für ihn nicht eine ständige Erinnerung an all das verkörperte, was er nicht haben konnte.

Eine Sache, die ich in dieser Zeit gelernt habe, war, dass manche Menschen – Leute wie mein Vater – zwar gerne ihre körperliche Stärke zur Schau stellen, andere aber einen besonderen Grund haben, gewalttätig zu sein.

In meinem letzten Grundschuljahr entschied mein Vater, dass ich, obwohl ich kein Koreanisch sprach, auf eine koreanische Mittelschule gehen sollte. Das wollte ich nicht, doch ich hatte zu viel Angst, mich seinen Wünschen zu widersetzen, also tat ich das.

Die meisten an unserer Schule kamen aus armen Familien. Unsere Armut hatte schlicht und einfach mit rassistischer Diskriminierung zu tun. Die meisten Schüler ließen ihrer Frustration darüber nie aktiv freien Lauf – sie waren einfach zu sehr damit beschäftigt, über die Runden zu kommen –, doch das hieß nicht, dass sie alles hinnahmen. Wenn sie draußen spielten oder auf ihrem Weg von der Schule nach Hause waren, hatten meine Schulfreunde oft Auseinandersetzungen mit Japanern. Mit der Zeit lernten sie alle, Rassendiskriminierung mit Gewalt in Verbindung zu bringen. Und die Logik war einfach. Wenn dich jemand schlug, hieltst du ihm nicht die andere Wange hin. Du schlugst zurück. Doppelt so hart.

Schaute ich mir meine Klassenkameraden an, hatte ich zwiespältige Gefühle. Nun, da ich seit einer Weile einen Klassenraum mit ihnen teilte, fühlte ich mich ihnen zunehmend zugehörig. Mir wurde langsam deutlich, dass meine Großeltern und andere Verwandte falschlagen. Koreaner waren keineswegs wie die Monster, die sie beschrieben hatten. Oh, natürlich, sie waren ruppig – wie auch *nicht* –, aber sie waren auch herzlich und freundlich. Obwohl ich zu den meisten immer noch auf Abstand blieb, fing ich an, mich mit einem Jungen namens Kan Te-son zu unterhalten, der in der Klasse neben mir saß. Wir alle hatten kurz geschorene Haare, aber Sons Haare waren trotz der Schulregeln irgendwie wild und struppig. Seine Haare ähnelten einer Mähne, die ihm den Spitznamen »Löwe« einbrachte.

Nachdem Löwe über meine familiäre Situation Bescheid wusste, lud er mich eines Tages zu sich nach Hause ein. Wir gingen durch das Gewirr der Straßen eines koreanischen Viertels in der Nähe einer Konfektfabrik und in der Luft lag ein wunderbarer Duft nach Süßigkeiten. Als wir bei ihm zu Hause ankamen, fragte mich seine Mutter sofort, ob ich hungrig sei. Einen Augenblick später eilte sie in die Küche und kam mit Reis, koreanischen Gurken und einigen anderen Gerichten zurück. Schnell war der Tisch mit Speisen vollgedeckt.

Immer wieder sagte sie: »Iss mehr!«, auch wenn mein Mund gerade voll war und ich an dem Reis, den ich verschlang, praktisch schon erstickte. Löwe und seine Mutter beobachteten mich, und ich konnte nicht umhin, ihr Lächeln zu bemerken. Ich hatte mütterliche Liebe erfahren und natürlich liebte ich meine Schwestern sehr, doch dies war das erste Mal, dass ich echte Zuneigung von Menschen spürte, die nicht mit mir verwandt waren. Ihre Herzlichkeit und ihr Mitgefühl waren greifbar. Um die Wahrheit zu sagen, ich war so verblüfft, dass ich kaum schlucken konnte. Seither war Löwes Haus der einzige Ort, an dem ich mich entspannen konnte. Selbst als mein Leben seine Windungen und Wendungen nahm, vergaß ich nie die Freundlichkeit seiner Familie.

Nun, da Löwe und ich Freunde geworden waren, fühlte ich mich eher in der Lage, mit meinen Klassenkameraden zu reden. Doch der größte Teil meines Unterrichts blieb mir noch immer total unverständlich, denn er wurde auf Koreanisch abgehalten. Mit Mathe ging das, mit den Naturwissenschaften bis zu einem gewissen Grade auch. Aber der Rest war einfach Kauderwelsch. Doch es gab noch andere wie mich, die überhaupt kein Koreanisch konnten. Und wissen Sie was? Manche Lehrer *brachen die Regeln* und erklärten uns Dinge auf Japanisch. Dissidenten!

Uns wurde beigebracht, dass Kim Il-sung »der König« war, »der Korea vom Kolonialismus befreite«. Er hatte einen Krieg gegen die US-Imperialisten und ihre südkoreanischen Lakaien geführt – und hatte gewonnen. Uns wurde gründlich eingetrichtert, dass Kim Il-sung ein unbesiegbarer Feldherr aus Stahl war. Ich konnte feststellen, dass die Lehrer stolz auf seine Rolle des Großen Führers einer aufstrebenden Nation waren.

Um diese Zeit litt Japan unter einer Rezession. Viele Unternehmen gingen bankrott und die Arbeitslosigkeit stieg rasant an. Koreaner hatten die schlechtesten Karten von allen, und die Verhältnisse, die zuvor lediglich schwierig gewesen waren, wurden für viele Familien bald einfach nur schlimm. Währenddessen verkündete Kim Il-sung in Nordkorea, er baue ein sozialistisches Utopia auf. Diese Mobilisierung wurde als Chollima-Bewegung bezeichnet. Wie wir anderen auch lebten unsere Lehrer in Armut. Also griffen sie nach jedem Strohhalm. Da gab es dieses Land, dieses »gelobte Land«, ein »Paradies auf Erden«, ein »Land, wo Milch und Honig fließen«. In ihrer Verzweiflung fielen sie auf diese Behauptungen herein – und gaben diese Lügen an uns weiter. Ich hörte dem, was sie erzählten, höchstens mit halbem Ohr zu. Oh, natürlich, da gab es jenseits des Meeres dieses »Paradies auf Erden«, aber hier und heute war alles, was mir wichtig war. Wie konnte ich mein Leben jetzt verbessern? Auf den Straßen gab es Demonstrationen, meine Familie kam gerade so über die Runden und wir waren ständig gereizt. Dazu kam, dass Kanehara noch immer bei uns lebte, und meine Schwestern und ich schlichen uns jedes Wochenende immer noch davon, um unsere Mutter zu sehen. Angesichts all dessen, was täglich um mich herum passierte, war es schwer, sich für das »Paradies« Nordkorea allzu sehr zu interessieren.

Eines Tages, ungefähr ein Jahr nachdem meine Mutter die Flucht ergriffen hatte, fand ich, als ich nach Hause kam, drinnen direkt vor der Haustür Schuhe aufgereiht vor. Das, was mich dann in der Wohnung erwartete, verblüffte mich: Einige Männer schimpften meinen Vater aus und – das Wichtigste – wurden deshalb nicht zu Tode geprügelt. Es gab nur eine Erklärung: Das mussten hohe Tiere der Liga sein. Unbemerkt betrat ich den Raum und hörte ihrem Gespräch zu. Einer von ihnen sagte: »Schau. Wenn du die Sache mit deiner Frau nicht bereinigen kannst, ist es aus mit unserer Freundschaft.« Ein anderer sagte: »Wir werden die Dinge bei der Liga zur Sprache bringen. Dann bist du am Arsch.« Einer nach dem anderen machten sie ihn alle fertig. Sie pochten auf die Tatami-Matten und erhoben ihre Stimmen, als sie ihn aufforderten, über das, was er getan hatte, nachzudenken, und sie legten alle schmutzigen Details seines Lebens dar. Nach ungefähr einer Stunde erhoben sie sich alle, zufrieden, dass sie ihren Standpunkt klargemacht hatten, und gingen. Auch mein Vater und Kanehara verließen die Wohnung, aber ich hatte keine Ahnung, wohin sie sich verzogen. Später an jenem Abend kehrte mein Vater allein zurück. Ich weiß nicht, wohin Kanehara gegangen ist. Ich sah sie nie wieder.

Ein paar Tage später standen plötzlich ein paar Männer, die zur Liga gehörten, mit meiner Mutter vor unserer Tür. Ich war so verblüfft über diese

Wendung der Ereignisse, dass ich nur staunend zusehen konnte. Einer der Liga-Kameraden fiel vor meiner Mutter auf die Knie. »Dein Ehemann hat versprochen, dass er sich bessern wird. Bist du bereit, einen neuen Anfang mit ihm zu wagen? Es geht dabei nicht nur um dich. Denk an die Kinder!«, sagte er. Meine Mutter war wie betäubt und sprachlos, aber letztendlich stimmte sie zu zurückzukehren. Obwohl meine Schwestern vor Freude und Aufregung kreischten, fühlte ich mich krank vor Sorge. Das Einzige, woran ich denken konnte, war, dass mein Vater wieder anfangen würde, sie zu schlagen – es war nur die Frage, wann. Doch ein Tag verging. Nichts geschah. Eine Woche, dann ein Monat. Nichts. Er schlug sie nie wieder. Männer der Liga schauten weiterhin bei uns vorbei, um sicherzugehen, dass alles in Ordnung war.

Das war noch nicht alles. Sie stellten meinen Vater auch zur Rede, weil er keine Arbeit hatte. Sie kamen herein und schimpften ihn deswegen schonungslos aus. »Schau! Du hast keine Arbeit. Und was machst du? Ständig betrinkst du dich und machst deiner Frau das Leben zur Qual. Aber wenn du *dorthin* gehen würdest ... da gibt es massenhaft Arbeitsplätze! Denk darüber nach! Du könntest dann deine Kinder auf die Universität schicken.« Ich wusste nicht, wo »dorthin« war, doch sie drängten ihn wiederholt, dorthin »zurückzugehen«. Sie redeten und redeten, manchmal bis Mitternacht oder länger. Durch die dünne Schiebetür, die mein Zimmer von ihrem trennte, konnte ich jedes Wort hören, das sie sagten. Sie diskutierten eindeutig etwas, das mein Leben von Grund auf verändern würde. Unwiderruflich. Bei dem Gedanken daran, worum es sich handeln könnte, war ich zu Tode erschrocken. Dann, sieh mal einer an, wurde das gleiche Thema in der Schule angesprochen. »Nordkorea ist euer Land. Es ist ein Paradies auf Erden. Das ist eure Chance. Geht nach Hause!« Aber Nordkorea war nicht mein Land. Es hatte nichts mit mir zu tun. Warum wurde mein Vater so bedrängt, dorthin »zurückzukehren«?

Kim Il-sung kläffte darüber in einer Rede, die wir uns, wenn ich mich recht erinnere, am 8. September 1958 anhörten. Etwas in der Art von »Unsere Landsleute, die in Japan leben, haben keine Rechte und werden diskriminiert. Deshalb leiden sie unter den Härten der Armut und wollen in ihr Heimatland zurückkehren. Wir möchten sie wieder willkommen heißen. Die Regierung der Volksrepublik wird dafür sorgen, dass sie, wenn sie nach Hause kommen, ein neues Leben beginnen können. Wir werden ihnen gute Lebensbedingungen garantieren.« Die Wendung »Rückkehr nach Nordkorea« ergab für mich noch immer keinen Sinn. Mein Vater stammte aus dem südlichen Teil von Korea, nicht aus Nordkorea. Als mein Vater geboren wurde, hatte Nordkorea noch gar nicht existiert. Warum sollte er an einen Ort »zurückkehren«, der ihm unbekannt war?

Nach Kim Il-sungs Äußerungen startete die Allgemeine Vereinigung der Koreaner in Japan unter dem Deckmantel des Humanismus eine Massenrückführungskampagne. Im Jahr darauf, 1959, beschlossen das Japanische Rote Kreuz und das Koreanische Rote Kreuz bei geheimen Verhandlungen in Kalkutta eine »Rückkehrvereinbarung«. Vier Monate später verließ das erste Schiff mit Rückkehrern den japanischen Hafen von Niigata. Kurz danach tauchten Leute der Liga der Koreaner in Japan an unserer Türschwelle auf, begierig darauf, uns von dieser Reise zu überzeugen. Sie alle befürworteten die Massenrückführung.

Wusste das Internationale Komitee des Roten Kreuzes davon? Und die Vereinigten Staaten? Oder die UN? Ja, ja und ja. Und was unternahmen sie in dieser Angelegenheit? Nichts.

In den frühen Tagen der sogenannten Repatriierung verließen ungefähr siebzigtausend Menschen Japan und fuhren über das Meer nach Nordkorea. Mit Ausnahme einer Unterbrechung von dreieinhalb Jahren wurde die Durchführung dieser Maßnahme bis 1984 fortgesetzt. Während dieser Zeit setzten ungefähr einhunderttausend Koreaner und zweitausend japanische Ehefrauen nach Nordkorea über. Das ist eine höllische Massenmigration. Tatsächlich war dies das erste (und einzige) Mal in der Geschichte, dass so viele Menschen aus einem kapitalistischen Land in ein sozialistisches Land umgezogen sind.

Die japanische Regierung förderte die Rückführung, angeblich aus humanitären Gründen, aktiv. Doch was sie in Wirklichkeit verfolgte, war meiner Ansicht nach ein Opportunismus der niederträchtigsten und zynischsten Art. Bedenken wir doch mal die Fakten: Während der Zeit des Japanischen Kaiserreichs wurden Tausende und Abertausende Koreaner gegen ihren Willen nach Japan verschleppt, wo sie als Sklavenarbeiter und später als Kanonenfutter dienen mussten. Nun befürchtete die Regierung, dass diese Koreaner und ihre Familien, die diskriminiert wurden und in den Nachkriegsjahren von Armut geplagt waren, eine Quelle sozialer Unruhe werden könnten. Sie nach Korea zurückzuschicken war die Lösung eines Problems. Nichts mehr.

Aus Sicht der nordkoreanischen Regierung war ihr Land nach dem Koreakrieg dringend auf den Wiederaufbau angewiesen. Was wäre da vorteilhafter als ein Zustrom von Arbeitern? Kim Il-sung wollte der Welt unbedingt beweisen, dass die Demokratische Republik Südkorea überlegen war. Die Aussicht, dass Tausende von Koreanern nach Hause zurückkehrten, um beim »Großen Marsch vorwärts« (wie ich es nenne) als Fußsoldaten zu dienen, befeuerte seine wahnsinnigen Träume.

Also ja, die Massenrückführung war für beide Regierungen eine großartige Neuigkeit – die perfekte Win-win-Situation für alle, außer für die betroffenen Menschen.

Wir wurden mit einem ständigen Strom infantiler, fast hysterischer Äußerungen bombardiert. »Freut euch auf die Arbeit und das Studium in Nordkorea!« und »Nordkorea ist ein Paradies auf Erden!« Die Liga und die Massenmedien waren gleichermaßen daran schuld. Die hohen Tiere der Liga waren schlicht wahnsinnig, die Journalisten beeindruckend naiv. Oh, natürlich, sie fühlten sich wegen Japans kolonialer Vergangenheit schuldig, aber diese Schuld, weit davon entfernt, ihr Urteilsvermögen zu schärfen, trübte ihr Denken und benebelte ihre kritischen Fähigkeiten. Ich meine, wir lebten in der zweiten Hälfte des zwanzigsten Jahrhunderts, um Himmels willen, und sie sahen den Kommunismus noch immer als den

Weg zur Utopie an. Ich frage mich, ob irgendjemand von denen, die damals diese Botschaften verkündeten, in späteren Jahren jemals wirklich begriffen hat, für welches Elend sie verantwortlich waren.

Davon abgesehen bin ich nicht davon überzeugt, dass ein naiver Utopismus die treibende Kraft hinter der Entscheidung der Leute war, überzusiedeln. Für die meisten verschleppten Koreaner, die damals in Japan lebten, war eine viel einfachere Zusicherung der entscheidende Punkt: »Wenn du zurück in dein Heimatland kommst, wird die Regierung dir ein krisenfestes Leben und deinen Kindern eine erstklassige Ausbildung garantieren.« Auf die zahllosen Koreaner, die arbeitslos oder unterbezahlt waren und sich mit jedem Gelegenheitsjob, den sie bekommen konnten, abrackerten, hatten die abstrakten Versprechungen des Sozialismus weit weniger Einfluss als die Hoffnung auf ein abgesichertes Leben und eine strahlende Zukunft für ihre Kinder.

Eines frühen Abends im Jahre 1959, als ich aus der Schule nach Hause kam, kündigte mein Vater, kaum dass ich zur Tür herein war, an: »Wir gehen zurück in meine Heimat.« Ich zitterte vor Wut und war geschockt. »Kommt nicht infrage!«, sagte ich. »Ich will nicht weg!« Mein Herz raste und ich wandte mich Hilfe suchend um zu meinen Schwestern und meiner Mutter. Meine Schwestern waren nicht alt genug, um zu begreifen, worum es in diesem Gespräch ging, also hörten sie uns nur ängstlich zu. Da fuhr mein Vater fort: »Was haben wir denn hier zu essen? Praktisch nichts. Aber wenn wir *dorthin* gehen, werden wir ein ordentliches Leben führen können – etwas, das wir hier nie konnten!« Mit zitternder Stimme redete meine Mutter dazwischen: »Aber ich kann kein Koreanisch sprechen. Wie um alles in der Welt kann ich da leben?« Sie klang entsetzt, und ich hegte ein wenig Hoffnung, dass sie ihm die Stirn bieten würde. Doch ich bemerkte auch, dass sie nicht geradeheraus sagte, sie würde nicht gehen. Als meine Mutter und ich zu meiner Großmutter gingen, um ihr zu erzählen, was mein Vater vorgeschlagen hatte, reagierte sie aufgebracht. Sie war rasend vor Wut. »Das ist eine fürchterliche Idee! Das könnt ihr nicht wirklich ernst meinen. Alle Koreaner sind Barbaren, genau wie dein Mann. Abgesehen davon seid ihr, du und deine Kinder, Japaner. Die Nordkoreaner werden euch hassen und misshandeln. Ich weiß genau, das wird böse enden.« So wütend wie an jenem Tag hatte ich sie noch nie gesehen.

Als wir nach Hause kamen, trieben sich da ein paar dieser Widerlinge der Liga herum. Sie kamen nun jeden Tag, um meine Mutter zu treffen, und zermürbten sie allmählich mit ihren Versprechungen. Sie sagten Dinge wie: »Wenn du dorthin gehst, wirst du nie wieder ein weiteres Zerwürfnis haben. Deine Kinder werden kostenlos zur Schule gehen können. Und nach drei Jahren wird es dir möglich sein, auf Besuch nach Japan zurückzukommen.« Herumschleimende Widerlinge. Ich hasste sie.

Und schließlich gewannen sie. Die Bastarde gewannen. Meine Mutter stimmte zu, mit meinem Vater nach Nordkorea zu gehen. Ich war sehr überrascht. Und bestürzt. Was dachte sich meine Mutter bloß? Warum um alles in der Welt entschied sie, mit ihm zu gehen? War es Liebe? Nach allem, was er ihr angetan hatte? Oder hatte sie nur aus einem seltsamen Pflichtgefühl heraus zugestimmt? Kaufte sie ihnen wirklich die Versprechungen auf ein besseres Leben ab? Ich werde es nie erfahren.

Unsere Abreise wurde auf den Januar 1960 festgelegt. Als der Tag schließlich gekommen war, verließen mein Vater, meine Mutter, meine Schwestern und ich zum letzten Mal unser Haus und machten uns auf den Weg zum Shinagawa-Bahnhof, wo sich bereits eine große Menschenmenge versammelt hatte. Obwohl mir eigentlich klar war, dass ich sie hier nicht erwarten konnte, suchte ich die Menge danach ab, ob ich vielleicht meine Großmutter und meine Onkel und Cousins erspähen würde, doch sie waren nirgends zu sehen. Meine Großmutter hatte angekündigt, dass sie von meiner Mutter nichts mehr wissen und nie wieder mit ihr reden wollte. Nichtsdestotrotz hatte ich gehofft, dass einer von ihnen – irgendeiner – kommen würde, um sich zu verabschieden. Eine Blaskapelle spielte und marschierte in steifer, heroischer Haltung herum, da dröhnte aus einem Lautsprecher über der Menge ein ohrenbetäubender Lärm. Überall schrien Leute »Hurra!«.

Mein Freund Löwe bahnte sich seinen Weg durch die Menge. Er packte mich an den Schultern und schüttelte mich, sein Gesicht war tränenüberströmt.

»Gehst du wirklich fort?«

»Ich werde dir schreiben. Und ich verspreche, ich komme eines Tages zurück.«

Das war alles, was ich herausbringen konnte. Mein Magen war wie verknotet. Als wir in den Zug stiegen, wühlten mich so viele Gefühle innerlich auf. Als ich von meinem Sitz aus zu ihm zurückschaute, war sein Gesicht ganz blass. Ich wusste mit einem Mal, dass ich ihn nie wiedersehen würde.

Als sich der Zug in Bewegung setzte, schien von überall her eine große Kakophonie aus Jubel und Geschrei zu ertönen. Auf einmal fingen die Erwachsenen im Zug an zu weinen. Ich fragte mich, warum. Schließlich reisten sie zurück in ihr Heimatland, warum also waren sie traurig? Das schien auf schlimme Dinge hinzudeuten, die noch kommen würden.

KAPITEL 2

Wir entstiegen einer nach dem anderen dem Zug und wurden in das chaotische und überfüllte Hauptquartier des Japanischen Roten Kreuzes geleitet, wo wir die nächsten drei Nächte verbrachten. Dann wurden wir dem offiziellen Verfahren der »Repatriierung« in ein Land unterzogen, in dem keiner von uns je gelebt hatte, und durchgewunken. Einige japanische Ehefrauen warfen ihre japanischen Pässe weg, nachdem sie koreanische Papiere erhalten hatten, doch meine Mutter behielt ihren. Irgendwo in den Schriftstücken verborgen gab es einen Satz, der lautete: »Sobald Sie sich in Nordkorea niedergelassen haben, dürfen Sie ohne offizielle japanische Genehmigung nicht mehr nach Japan zurückkehren.« Ich versuchte mich selbst davon zu überzeugen, dass es für mich kein Problem sein würde, eines Tages zurückzukehren, da ich ja geborener Japaner war. Doch als wir die verschiedenen bürokratischen Schritte hinter uns hatten, konnte ich mich eines überwältigenden Gefühls der Angst nicht erwehren.

Schließlich wurden wir mit dem Bus zum Hafen gebracht und kletterten an Bord eines altertümlich aussehenden sowjetischen Passagierschiffs, der *Kuririon*. Die Mitarbeiter des Roten Kreuzes schlugen sich mit der gigantischen Menge an Papierkram herum und ließen die Leute einfach an Bord latschen. Kurz nachdem wir eingeschifft waren, lief das Schiff aus. Es gab keine Rückkehr. Während wir den Hafen von Niigata hinter uns ließen, starrte ich verloren auf Japan zurück, dann sah ich zu, wie die dumpfen, bleiernen Wellen gegen den Bug des Schiffes schlugen. Das Wasser bespritzte, überschäumte und durchnässte die sowjetischen Seeleute, die an Deck arbeiteten und trotz des kalten Windes, der das Japanische Meer aufpeitschte, nur T-Shirts trugen.

Ich blickte mich um. Unglaublich, aber einige meiner Mitpassagiere waren ohne ein einziges Gepäckstück an Bord gegangen. Was um Himmels willen dachten sie sich dabei? Ich erinnerte mich an die lächerliche öffentliche Verlautbarung der Liga der Koreaner in Japan: »Wenn du nach Nordkorea gehst, wird es dir möglich sein, alles zu bekommen, was du brauchst.« Dazu brauchte man blindes Vertrauen.

Nach zwei langen Tagen auf See lag ich gerade in meiner Koje, als jemand rief, dass wir uns dem nordkoreanischen Hafen von Chongjin näherten. Wir eilten alle an Deck. Weit in der Ferne erblickte ich einen Berg. Er sah elend und kahl aus. Kaum ein Baum war auf ihm zu sehen. Jemand rief: »Ein Hoch auf den Großen Marschall Kim Il-sung!« Einige der anderen Passagiere gerieten in die gleiche Laune und stimmten mit noch mehr Jubel ein. Doch von einigen kam ein anderer Ton auf, eine Art kombiniertes Stöhnen und Schreien, das schnell lauter und erschreckender wurde. Ein älterer Mann, der neben mir stand, umklammerte die Reling des Schiffes. »Das ist ...« Er verstummte. »Das hatte ich mir anders vorgestellt«, keuchte er. Sein Körper wurde starr und seine Knöchel wurden so weiß wie sein aschfahles Gesicht. Seine gespenstische Erscheinung ließ mich erschaudern. Ich schmiegte mich dicht an meine Schwester Eiko, um mich aufzuwärmen, aber auch um ein gewisses Maß an Trost zu finden. Während ich diesen kargen Berg anstarrte, konnte ich nicht umhin, mich zu fragen, was wohl aus uns werden würde.

Als wir uns dem Hafen näherten, bemerkte ich ein paar rostige Schiffe, die in der Nähe ankerten. Sie wirkten völlig verlassen. Keine Fracht wartete darauf, entladen zu werden. Auf dem Kai waren keine Hafenarbeiter zu sehen. Ein Geisterhafen. Die kahlen Hügel im Hintergrund ließen alles noch trostloser und öder wirken.

Auf dem Kai spielte ein Orchester, seine Musik klang dünn und quälend. Willkommen in Nordkorea! Ich musste an die grausige Blaskapelle in Niigata denken – ihre fröhliche, absurde, dümmliche Großspurigkeit. Und jetzt war hier dieses traurige Orchester, das sich im eisigen Wind abplagte. Als sich das Schiff dem Kai näherte, sah ich, dass die Musiker allesamt Schulmädchen waren. Obwohl es mitten im Winter war, hatten sie nur wenig mehr an als die dünne Jacke der koreanischen Nationaltracht. Der scharfe Wind blies mir in die Augen. Dann schaute ich noch einmal hin. Ihre Gesichter. Ihr falsches Lächeln. So etwas müssen Sie schon einmal im Fernsehen gesehen haben. Diese grotesken Zurschaustellungen von Schulmädchen – Automaten, in Pjöngjang aufgestellt, um den Geburtstag des Geliebten Führers oder irgendein anderes dieser trostlosen Jubiläen zu feiern. Und da standen sie nun, als Musterexemplare. Das künstlich-steife Grinsen derer, die einer Gehirnwäsche unterzogen worden waren. Natürlich begriff ich damals noch nicht so recht, was ich hier sah, doch selbst damals wusste ich schon, dass das Kokolores war.

Als wir am Kai anlegten, kamen einige Nordkoreaner an Bord, um bei unserer Ausschiffung zu helfen. Ihre Kleidung, ihre Schuhe, alles an ihnen verdeutlichte sofort, dass diese Bewohner des Paradieses unendlich viel ärmer waren, als wir es im Laufe unseres schweren Lebens in Japan jemals gewesen waren. Als wir über die Landungsbrücke hinunterstapften, dachte ich immer wieder an eines der Dokumente, die wir erhalten hatten. Es bezog sich auf eine Art »Antrag auf Rückkehr« und beschrieb dem Sinn nach etwas wie: »Wenn Sie zu irgendeinem Zeitpunkt nach Japan zurückkehren wollen, selbst wenn Sie kurz davor sind, nach Nordkorea einzureisen, informieren Sie sofort irgendein Mitglied des Teams des Roten Kreuzes, das in Ihrer Nähe ist.« Ich schaute mich verzweifelt nach einem Rot-Kreuz-Mitarbeiter um, doch mein Vater legte seine Handflächen auf meine Schulterblätter und schob mich voran. Ich hatte keine andere Wahl, als weiter diese Landungsbrücke hinunterzugehen.

Wiedergeboren.

Wir wurden in Busse gesetzt und zu Aufnahmezentren in der Stadt gebracht. Ich starrte aus dem Fenster, und während ich mich nach irgendetwas umschaute, das mir Hoffnung geben konnte, fühlte ich mich todunglücklich. Auf dem Weg in die Stadt sah ich nur wenige Häuser. Die Landschaft war eintönig und noch immer von Bombenkratern übersät, die der Koreakrieg hinterlassen hatte. Als wir angekommen waren, wurden wir von Funktionären befragt, die dann über die künftige Berufstätigkeit und die Unterbringung eines jeden entschieden. Einfach so.

Ich konnte nicht glauben, wie sorglos mein Vater war. Als er gefragt wurde, wo er hinwolle, sagte er einfach: »Überall ist es in Ordnung. Ich kenne keine Namen von Orten in Nordkorea. Ich gehe gerne wohin auch immer.« Er war so zuversichtlich und optimistisch, aber ich konnte nicht glauben, dass er uns gerade dem Wohlwollen der Funktionäre ausgeliefert hatte.

Meine Mutter wurde jedoch von Angst geplagt. Den panischen Ausdruck blanken Entsetzens in ihrem Gesicht werde ich nie vergessen. »Was passiert jetzt mit uns?«, fragte sie mit zittriger Stimme. »Mach dir keine Sorgen. Alles wird gut«, sagte mein Vater immer wieder. Ich blieb still. Wie konnte er so sehr darauf vertrauen, dass alles gut werden würde?

Wenn ich an jenen Tag zurückdenke, glaube ich, dass die Sprache eine Rolle spielte. Endlich konnte er wieder in seiner Muttersprache Koreanisch reden. Endlich fühlte er sich wieder zugehörig. Dieses Gefühl der Erleichterung schien in sein ganzes weiteres Denken einzusickern. Ich konnte sehen, wie er sich in seiner Muttersprache entspannte, und das verschaffte ihm Zuversicht im Hinblick auf alles andere.

Ich war natürlich wie meine Mutter besorgt über unsere Zukunft, aber für mich – einen schnell wachsenden Dreizehnjährigen – geschah das Alarmierendste, als wir uns zu unserem ersten Mahl hinsetzten. Ich konnte nicht glauben, was für ein Gericht da vor mir auftauchte. Sie servierten uns Hundefleisch. Ja, Hundefleisch. Der Gestank war penetrant. Wir waren ausgehungert, also hielten wir uns die Nasen zu, aber selbst dann noch überkam uns ein Brechreiz. Ich gab mir wirklich Mühe, meinen Ekel zu überwinden, aber keiner von uns bekam mehr als einen Bissen herunter. Ausgenommen mein Vater.

Es war uns streng verboten, das Aufnahmezentrum zu verlassen. Da waren wir also – die Begünstigten eines dünkelhaften Humanismus –, Gefangene im Paradies auf Erden. Jeder Familie wurde ein Raum zugewiesen, der ungefähr so groß wie sechs Tatami-Matten war. Eisige Windböen bliesen durch die dünnen Wände in den Raum und feiner Splitt prasselte uns auf die Wangen. In jener ersten Nacht, als wir alle fröstelnd auf dem eiskalten Boden nebeneinanderlagen, fragte ich mich, was wohl aus uns werden würde. Meine Schwestern riefen mir immer wieder leise klagend zu: »Bruder! Bruder!« Sie waren erschöpft, zitterten vor Kälte und waren verängstigt. Ich wollte sie trösten, wusste aber nicht recht, was ich ihnen sagen sollte.

Mehrere Wochen verbrachten wir in diesem Schwebezustand, hockten Tag für Tag in der Kälte und schlotterten Nacht für Nacht auf dem Fußboden, waren besorgt um die Zukunft und unsicher, was uns erwartete. Ich versuchte, mein Denken auszuschalten – meine Erinnerungen an das Leben, das ich hinter mir gelassen hatte, außer Acht zu lassen und mir nicht vorzustellen, wie unser Leben hier aussehen würde.

Ein paar Wochen später war unser Schicksal festgelegt. Unser künftiges Zuhause sollte in dem Dorf Dong Chong-ri sein. Mir war mulmig bei diesem Ort, von dem ich noch nie gehört hatte, aber ich stellte mir vor, dass er, verglichen mit der Enge des Aufnahmezentrums, eine Verbesserung bringen musste. Die Fahrt nahm zwölf Stunden mit der Dampfeisenbahn und eine weitere Stunde auf einem Ochsenkarren in Anspruch. Nachdem wir langsam in das verschneite Dorf eingefahren waren, hielt der Ochsenkarren an und wir stiegen ab. Meine jüngste Schwester, Masako, fiel in den Schnee und fing an zu weinen. Bald war sie nur noch hemmungslos am Heulen. Bis zu diesem Moment hatte sie den Schrecken unserer Situation irgendwie widerstanden, aber ihr Sturz in den Schnee war der Tropfen, der das Fass zum Überlaufen brachte. Sie war gerade sechs Jahre alt geworden und innerhalb von wenigen kurzen Wochen war ihr ganzes kleines Leben auf den Kopf gestellt worden.

Sie heulte weiter: »Ich will nach Hause!«, und Tränen strömten ihr über die Wangen. Ich war verblüfft, als mein Vater sie hochhob, um sie zu besänftigen. Noch nie zuvor hatte ich ihn irgendeine väterliche Zuneigung zeigen sehen. Während uns unser Führer die Straße entlangführte, sprach er sanft auf sie ein und versuchte sie zu beruhigen. Ich schaute mich um und sah all diese maroden Hütten mit ihren strohgedeckten, schneebedeckten Dächern. Das klingt malerisch. War es aber nicht. Es war trostlos.

Das Haus, das wir unser Zuhause nennen sollten, war als Parteibüro genutzt worden. Es war das einzige Gebäude im Dorf mit einem Ziegeldach. Unser Führer wurde ganz aufgeregt, fast hysterisch, als er darauf hinwies. Anscheinend war es »eine große Ehre, in einem solchen Haus zu leben«. Ich betrachtete den Kasten in seiner ganzen bruchreifen Pracht mit den von Rissen durchzogenen Wänden. Und war verwirrt. Glaubte er *wirklich*, was er sagte? Falls ja, dann hätte ich fast für ihn weinen sollen. Nur dass ich derjenige war, der hier wohnen musste.

An der Tür wartete eine kämpferisch wirkende Frau auf uns. Sie sprach in einem einschüchternden, hysterischen Ton zu uns, der mir in den nächsten Jahren sehr vertraut werden sollte. Später stellte ich fest, dass sie die Leiterin der örtlichen Union Demokratischer Frauen war. Sie hatte ein paar unserer Nachbarn angeschleppt, um uns willkommen zu heißen. Sie warteten drinnen. Kaum hatten wir die Schwelle überschritten, setzte sie zu einer Rede an.

»Diese Menschen wurden in Japan *schikaniert*, doch dank der Herzlichkeit und Güte des Großen Marschalls Kim Il-sung konnten sie in ihr Heimatland zurückkehren!«

Ich musste feststellen, dass unsere künftigen Nachbarn ihren Worten wenig Aufmerksamkeit widmeten und uns stattdessen eifrig anstarrten –

und mit unseren Uhren und Fahrrädern und den wenigen anderen Dingen, die wir hatten mitnehmen können, liebäugelten. Die Dame drehte sich nach mir um. »Ich werde dich morgen zur Schule mitnehmen, halte dich also bereit!«, sagte sie. Und damit verließ sie mitsamt den Nachbarn das Haus.

Die Lampen schienen an zu sein, doch die Glühbirnen strahlten nur einen mageren und schwachen Schimmer aus. Niederspannung kannte ich damals noch nicht. Ich schaute mich nach Gasstellen um, aber es gab keine. Nicht einmal einen Kaltwasserhahn konnte ich finden. Ich blickte aus dem Fenster. Und da war er, ungefähr dreißig Meter entfernt. Ein Brunnen.

Meine Mutter war außer sich. Wie ich konnte sie nicht glauben, was sie da sah.

»Wie sollen wir hier jemals leben?«

Ihre Worte hallten von den düsteren Wänden wider. Ich fühlte mich betäubt, überfordert, unfähig, irgendetwas zu denken oder zu empfinden. Nach der langen Fahrt legte ich mich auf eine Matte und versuchte zu schlafen. Ich wälzte mich hin und her und wachte ausgelaugt und orientierungslos auf.

Wie sie angekündigt hatte, kam die Leiterin der Union Demokratischer Frauen am nächsten Morgen, um mich zu meinem ersten Schultag in Nordkorea abzuholen. Sie kam mit ihrer Tochter, die stolz verkündete, sie sei die »Pfadfinder-Leiterin«. Obwohl ich damals noch nicht viel Koreanisch sprechen konnte, verstand ich ungefähr, worüber sie sprach. Ich sagte nur »Guten Morgen« und folgte ihnen. Fotografien vom ersten Schultag für das Familienarchiv gab es keine.

Als ich eintrat, sah ich ungefähr einhundert Schüler und Lehrer in einem einzigen Raum versammelt. Ich grüßte sie mit meinem dürftigen Koreanisch.

»Danke für euren Empfang.«

»Japanischer Bastard!«, brummte jemand.

Und dann schien jeder die Worte zu flüstern. »Japanischer Bastard!«

Ich war gekränkt. Ich fühlte, wie mir die Hitze ins Gesicht stieg. Ich wünschte, ich könnte verschwinden.

Die Schüler begannen, auf meine Kunststoffschuhe und auf andere Dinge, die sie nicht billigten, zu zeigen.

»Schaut euch seine Tasche an!«

»Er trägt eine Uhr!«

»Japanischer Bastard!«

Ich stellte fest, dass sie selbst keine Taschen hatten und ihre Sachen einfach in ein Stück Stoff einwickelten. Ich beschloss, von da an das Gleiche zu tun.

Nach dieser Begrüßung schaute ich dabei zu, wie zwanzig Schüler ein Theaterstück aufführten. Es war ein primitives Propagandastück, das mein Leben bis zu diesem Zeitpunkt darstellte. Dem Stück nach führte ich in Japan ein schweres Leben, doch dank der freundlichen Bemühungen der Partei der Arbeit Koreas und der guten alten Liga der Koreaner konnte ich in »mein Heimatland zurückkehren«. Als das Stück zu Ende war, klatschten alle begeistert. Ich klatschte auch, nur aus Höflichkeit.

Die Schule war schwierig. Nicht wegen des Lernstoffs, sondern weil ich nur sehr wenig Koreanisch verstehen konnte. Es blieb mir nichts anderes übrig, als das, was die Leute sagten, vage aus dem Kontext abzuleiten. Oft wurde ich »japanischer Bastard« genannt, weil ich kein Koreanisch sprechen konnte.

Im Nachhinein war es wahrscheinlich ganz gut so, dass ich nicht darauf reagieren konnte.

Eines Tages wurde ich auf meinem Heimweg von der Schule Zeuge einer Auseinandersetzung zwischen meinen Klassenkameraden. Ich konnte es nicht ertragen, dabei zuzusehen, wie einer der Jungs auf übelste Weise verdroschen wurde, und so stürzte ich mich auf den Schläger. Obwohl ich klein war, war ich dank der Gene meines Vaters und der harten koreanischen Schule, die ich in Yokohama besucht hatte, doch furchtlos und widerstandsfähig. Zu meiner Überraschung schlug ich ihn k. o. Da packte mich ein Mann in Uniform am Kragen. Er brachte das obligatorische »Japanischer Bastard!« hervor, und dann war er es, der auf mich eindrosch. Er hielt erst inne, als meine Lippe aufgeplatzt und meine Kleidung voller Blutspritzer war. Als ich nach Hause kam, fragte mich meine Mutter, was denn passiert sei, doch ich wollte ihr keine Sorgen bereiten, also sagte ich nur, es hätte eine Rauferei mit ein paar anderen Kindern an der Schule gegeben. Das Letzte, was ich wollte, war, dass sich meine Mutter Sorgen um mich machte. Da die Leiterin der Union Demokratischer Frauen sie gewarnt hatte, bloß kein Japanisch zu sprechen, lebte sie ohnehin schon in einem ständigen Zustand der Angst.

Mein Vater allerdings schien mit unserem neuen Leben ganz zufrieden zu sein. Nie schlug er meine Mutter. Er begann als Landarbeiter bei einer Kooperative zu arbeiten. Private Bauernhöfe gab es keine, nur Kooperativen mit Arbeitsgemeinschaften. Er hatte keine Wahl und musste sich wie die anderen der Union der Landarbeiter anschließen und zweimal die Woche an verbindlichen Studientreffen teilnehmen, bei denen die Gedanken Kim Il-sungs und die Politik der Partei der Arbeit näher ergründet wurden.

Jeder in Nordkorea musste sich einer Gruppe anschließen, die mit der Partei der Arbeit in Verbindung stand. Diese Gruppen und Vereinigungen produzierten nichts. Ihr einziger Zweck war, die Mitglieder zu indoktrinieren. Jeder musste die Gedanken Kim Il-sungs verstehen und eine umfassende Kenntnis der Parteipolitik haben.

Der große Unterschied zwischen normalen Arbeitern und Landarbeitern war, dass die Landarbeiter keinen richtigen Lohn verdienen konnten. Sie erhielten ein wenig Bargeld, doch die Grundform ihrer Entlohnung war jeden Herbst ein Anteil an der Ernte. Die Verteilung basierte auf Arbeitsstunden. Jeden Tag wurde die Arbeit, die man geleistet hatte, bemessen. Wurde die Arbeitsleistung, die man erbracht hatte, als »Standard«

erachtet, wurde einem eine Arbeitsstunde zuerkannt. Wurde die Arbeitsleistung, die man erbracht hatte, als »bedeutsam« erachtet, bekam man zwei Arbeitsstunden zugesprochen.

Aber wir waren doch gerade erst angekommen? Oh, die Partei war die Großzügigkeit in Person. Mein Vater erhielt den angeblich für ein Jahr vorgesehenen Vorrat an Reis. Ha! Als wir den Sack öffneten, stellte sich heraus, dass er vor allem Zuckermais und minderwertiges Getreide enthielt.

Als ich noch in Japan gelebt hatte, hatte ich nie so richtig über mein Leben nachgedacht. Doch nachdem ich nach Nordkorea übergesiedelt war, beschäftigte mich am meisten, wie ungeheuer groß der Unterschied zwischen meinem alten und meinem neuen Leben war. Mich quälten die Gedanken an all die Dinge, die ich zuvor für selbstverständlich gehalten hatte, und an all die Härten, die mein jetziges Leben prägten. Doch das dauerte nicht lange an. Bald schon begriff ich, dass die Gedanken in Nordkorea nicht frei waren. Ein freier Gedanke konnte deinen Tod bedeuten, wenn er dir herausrutschte. Wenn man Glück hatte, wurde man vielleicht in irgendeine abgelegene Bergregion geschickt, um harte Arbeit zu verrichten. Oder in ein Konzentrationslager für politische Gefangene, weil man für einen »Liberalen« oder einen »Kapitalisten« mit »schlechten Gewohnheiten« gehalten wurde. Und schlechte Gewohnheiten mussten ausgerottet werden. Durch einen Stiefeltritt in die Genitalien. Oder aber man wurde einfach hingerichtet.

Im großen, egalitären Paradies Nordkorea wusste man schnell, welchen Platz man hier hatte. Hatte man gute Beziehungen und Freunde in der Liga der Koreaner in Japan oder in der Partei der Arbeit Koreas, durfte man in der Hauptstadt Pjöngjang oder in Wonsan leben, der zweitgrößten Stadt des Landes. Aber hatte man keine Beziehungen, konnte man das vergessen. Auf lokaler Ebene wurden Nachbarn in Gruppen zu jeweils fünf Familien zusammengefasst. Jede Gruppe hatte einen Führer, der mit der Aufgabe betraut wurde, der Geheimpolizei alles über die Mitglieder der Gruppe zu berichten. Selbst wenn man ein Niemand war. Als ein Niemand war man automatisch suspekt. Solche Leute wurden als Leibeigene zum Arbeiten in entlegene Dörfer geschickt. Und mit »solche Leute« meine ich Leute wie uns. In Nordkorea waren wir wieder einmal ganz unten.

Wir wurden ständig von den Schergen der Staatssicherheit von Nordkorea und der Geheimpolizei überwacht. Ich vermute, wir stellten in doppelter Hinsicht eine Bedrohung dar. Bei unserer Übersiedlung hatten wir einige gefährliche Sachen aus Japan mitgebracht – Dinge wie Fahrräder und Elektrogeräte und einigermaßen ordentliche Kleidung. Was, wenn den örtlichen Dörflern klar werden würde, dass ihr Lebensstandard erbärmlich war? Schlimmer noch, was würde geschehen, wenn sie über uns Wind vom Begriff der Gedankenfreiheit bekämen? Sie könnten die Weisheit von Kim Il-sung infrage stellen. Und das war *verboten*.

Wir waren nach Nordkorea übergesiedelt, um unserem Leben in Armut in Japan zu entkommen. Wir sahen uns nicht als Teil eines heroischen Unterfangens, ein künftiges sozialistisches Utopia zu errichten. Und nun, da wir in Nordkorea waren? Was nun? Also eine Sache wurde recht schnell deutlich. Das Einkommen meines Vaters reichte bei Weitem nicht aus, um eine sechsköpfige Familie durchzubringen, und wir ernährten uns hier sehr viel schlechter als in Japan.

Von allen Erwachsenen wurde erwartet, dass sie arbeiten. Grundsätzlich galt die Prämisse »Keine Arbeit, kein Essen«. In Ordnung. Das einzige Problem war, dass die Parteifunktionäre des Dorfes meiner Mutter keinen Job zuweisen wollten, weil sie kein Koreanisch sprechen konnte. Sie war eine sehr begabte Frau. Sie hatte unter anderem einige technische Qualifikationen, ein Mathematik-Zertifikat und Erfahrung in der Krankenpflege – doch nichts davon fiel für die Partei ins Gewicht. Schließlich erfuhren die Dorfbewohner, dass sie sich mit Entbindungen auskannte, und so wandten sie sich an sie und baten bei ihren Geburten um Hilfe. Doch noch immer behandelten die Dorfbewohner sie wie eine Bürgerin dritter Klasse und die Partei betrachtete sie weiterhin als wertlos. So ging meine Mutter an den meisten Tagen auf den Berg hinter unserem Haus und pflückte Unkraut und sonst irgendetwas Essbares zur Ergänzung unserer Ernährung.

Abgesehen von ihrem ständigen Kampf, genügend Nahrung für uns zu finden, hatte meine Mutter auch noch ein Problem mit dem Kochen. Sie hatte nur einen primitiven Holzofen zur Verfügung, den sie benutzen konnte. Die Menge an Feuerholz, das sie auftreiben konnte, variierte von Tag zu Tag, und so hatte sie es schwer, die Temperatur zu regulieren. Der Reis, den sie kochte, war entweder nur halb gar oder angebrannt. Doch mein Vater beklagte sich nie. Er aß ihren Reis stets mit Genuss. Das war das einzig Gute an unserer Umsiedlung nach Nordkorea – die Veränderung meines Vaters. Wenn ich heute darauf zurückblicke, waren die kleinen Liebenswürdigkeiten, die er zeigte, das Mindeste, was er tun konnte.

Meine Schwestern und ich wuchsen schnell und wir hatten stets Hunger. Bald hatten wir die Nase voll davon, nur Reis zu essen. Mein Vater verkaufte eines unserer kostbaren Fahrräder und ein paar der Kleidungsstücke, die wir mitgebracht hatten, an Parteifunktionäre im Dorf. Auf diese Weise mit ein wenig klingender Münze ausgestattet, machte er sich auf den Weg zum Bauernmarkt außerhalb des Ortes. Der Staat kontrollierte die Verteilung der Lebensmittel, Privatverkäufe waren im Prinzip verboten. Trotzdem wurde manchmal ein Auge zugedrückt, und so konnten Bauern auch mal ungestraft davonkommen, wenn sie nebenher ein wenig Gemüse und ein paar Eier verkauften. Die Preise dafür waren allerdings, wie man sich vorstellen kann, exorbitant – mitunter zehnmal höher als der offizielle Preis.

Zu unserer Verblüffung kam mein Vater mit einem Schwein, einem Schaf und einem Huhn zurück. Wir beschlossen, sie im Hof zu halten. Für meine Schwestern waren diese Tiere wie neue Spielzeuge, auch wenn wir sie aufzogen, um sie dann zu verspeisen. Seit Langem schon hatte ich meine Schwestern nicht mehr so erfreut gesehen.

Doch noch am gleichen Nachmittag platzte der Dorfpolizist in unseren

Hof, als wäre es seiner, und fing an herumzuschnüffeln. Er war ein finster dreinblickender Kerl, mit hohlen Wangen und tief liegenden Augen. In diese furchterregenden Augen wollte ich nicht schauen, daher wandte ich meinen Blick einfach ab und konzentrierte mich darauf, das Schwein zu füttern.

»Du dummer japanischer Bastard! Was denkst du dir? Reis ins Schweinefutter zu geben ... Reis ist für Menschen, du kleiner Scheißer!«

Ich war zu verschüchtert, um etwas zu entgegnen. Der Reis, über den er sich aufregte, das waren ein paar schäbige Körner, die beim Mittagessen auf den Boden gefallen waren. Ich wusste, dass ich sie nicht einfach wegwerfen konnte, also hatte ich sie aufgesammelt, Körnchen um Körnchen, und warf sie ins Schweinefutter. Und nun wurde mir Verschwendung vorgeworfen.

Mein Vater schoss aus dem Haus, packte den Polizisten am Kragen und schlug ihn nieder. Der Tiger vom Schwarzmarkt war wieder da. Aber nicht lange. Als der Polizist sich schließlich wieder aufgerappelt hatte, zog er seine Waffe und blickte wild um sich. Mein Vater machte einen Schritt zurück. »Okay, okay. Ich hab's kapiert. Kein Grund, mich zu erschießen.« Der Polizist drückte seine Waffe in den Rücken meines Vaters und blaffte ihn an, zur Polizeiwache mitzukommen. Mein Vater blickte sich nach mir um. »Mach dir keine Sorgen!«, rief er, als er ging.

Während wir auf seine Rückkehr warteten und warteten, befürchteten meine Mutter und ich das Schlimmste. Als er gegen Mitternacht endlich hereintaumelte, konnte er nicht mehr richtig gehen und sein Gesicht war blutig und auf groteske Weise geschwollen. Ich hatte meinen Vater nie gemocht oder viel Sympathie für ihn empfunden, doch an diesem Abend erwachte ein neues Gefühl in mir.

»Ihr müsst vorsichtig sein. Ihr alle. Mein Gott, diese Wichser haben mich betrogen. Diese verfluchte Liga der Koreaner«, tobte er. Er zitterte, und zwar nicht nur vor Wut. Ich konnte erkennen, dass etwas in ihm zerbrochen war. Er war entsetzt.

Zuvor hatte ich ihn noch nie vor etwas Angst haben sehen. Wenn ihm, als wir in Japan lebten, irgendjemand in die Quere kam, knipste er demjenigen einfach das Licht aus. Selbst wenn er deswegen festgenommen wurde, es kümmerte ihn nicht. Aber jetzt war er schlicht und einfach verängstigt. Und das jagte mir einen gehörigen Schrecken ein. Als ich die schreckliche Furcht in seinen Augen sah und die klägliche Erkenntnis aus seinem Mund hörte, wusste ich ein für alle Mal, dass wir in die Hölle geschickt worden waren. Bei dem Gedanken daran bekam ich eine Gänsehaut.

Mein Vater hatte ein Schwein, ein Huhn und ein Schaf gekauft, um seine Familie zu ernähren, und irgendein eifersüchtiger Nachbar hielt es für angebracht, ihn wegen dieses groben Vergehens zu verpfeifen. Und dieser Polizist hätte ihn dafür am liebsten umgebracht.

Über diesen Moment habe ich viele Male nachgedacht. Von jenem Abend an – an dem mir wieder bewusst wurde, wo ich war und wohin die Liga und die japanische Regierung mich verfrachtet hatten – lernte ich wie verrückt, um meinen »feindseligen« Hintergrund wettzumachen. Ich dachte naiverweise, das könnte mir mit Arbeit und Fleiß gelingen, und war entschlossen, alles zu tun, um die Dinge für meine Familie zum Besseren zu wenden. Meine koreanischen Sprachkenntnisse wurden mit der Zeit immer besser und schließlich konnte ich mit meinem Vater mühelos koreanisch sprechen. Während ich diese Fortschritte machte, spürte ich, wie ich ihm langsam näherkam.

Nach einem Jahr in Nordkorea war ich im dritten Jahr der Mittelstufe und meine Bemühungen an der Schule wurden schließlich anerkannt. Ich wurde Klassensprecher. Ich denke, ich wollte einfach nur akzeptiert werden und beweisen, dass ich mehr war als bloß ein »japanischer Bastard«. Wurde einer meiner Klassenkameraden krank und konnte nicht zur Schule kommen, brachte ich ihm Medizin und lehrte ihn die Dinge, die er im Unterricht versäumt hatte. Das sah ich als meine Pflicht und meine Verantwortung an.

Aber was lernten wir? Unser Unterricht ging weit über Standardthemen wie Rechtschreibung, Mathematik und Physik hinaus. Wir mussten auch lernen, welche wundersamen revolutionären Veränderungen der göttliche Kim Il-sung zuwege gebracht hatte. Das Wichtigste war, wie treu ergeben man dem Großen Führer war. Lehrer und alle anderen Erwachsenen, die ich kannte, versuchten uns einer Gehirnwäsche zu unterziehen, damit wir sklavische Mitglieder ihres pseudoreligiösen Kults wurden. Ich spielte mit. Ich habe schnell gelernt, dass man in einer solchen Situation, wenn man überleben will, seine Kritikfähigkeit unterdrücken und einfach weitermachen muss. Ich musste meine Kämpfe sorgfältig auswählen und durfte mich nicht von jeder Kleinigkeit verärgern lassen. Doch das Problem ist, dass manche Leute nach ihrer Gehirnwäsche wirklich für immer verändert sind. Letztendlich glauben sie all den Schwachsinn. Doch glücklicherweise gibt es auch viele, die das nicht tun. Und eines Tages werden sie das Kartenhaus Nordkorea zum Einsturz bringen.

Als ich vierzehn Jahre alt war, trat ich dem Demokratischen Jugendverband bei. Auch Mitglied des Schulkomitees wurde ich. Ich war es leid, mir immer wieder sagen lassen zu müssen: »Du bist Japaner, du dummer Bastard, deshalb bist du natürlich nutzlos.« Ich wusste, ich war nicht nutzlos, und ich war entschlossen, es zu beweisen.

Bei der Beitrittszeremonie für die Jugendgruppen musste man sich vor einen Haufen Parteifunktionäre stellen und ein Loblied auf Kim Il-sung singen. Dann reihte man sich ein, schwor ihm Gefolgschaftstreue und gelobte, sein Bestes zu geben, um seine Version des Sozialismus voranzubringen. Dann bekam man von einem Funktionär ein rotes Halstuch umgebunden und ein Abzeichen angeheftet. Das Rot stand für das Blut der Revolution und den Geist des Kommunismus.

Die Mitglieder des Jugendverbands waren zwischen vierzehn und dreißig Jahre alt. Das hochgesteckte Ziel war, den totalen Sieg des Sozialismus zu erreichen. Der Sozialismus war mir natürlich völlig egal. Ich wollte einfach nur, dass ich und meine Familie ein besseres Leben führen konnten. Manche Gruppen trugen nur rote Halstücher, aber wir im Jugendverband hatten auch Mitgliedsausweise.

Den Tag, an dem ich meinen Mitgliedsausweis erhielt, werde ich nie vergessen. Darauf stand zu lesen: »Ihr alle müsst die Grundlagen des Sozialismus schützen und den Sieg der Revolution anstreben.« Die Führung bringt bis zum heutigen Tag noch immer solche leeren Ermahnungen hervor. Obwohl ich normalerweise nichts von diesem Unsinn glaubte, war selbst ich einen Moment lang ergriffen.

Ich starrte und starrte auf diesen Ausweis und hatte das Gefühl, ich wäre nun vielleicht tatsächlich ein Mensch mit einem edlen Ziel.

In jenem Frühjahr verbrachte der Jugendverband einen Monat damit, Reissetzlinge zu pflanzen und sie zu düngen. Im Frühjahr Reissetzlinge zu pflanzen war eine extrem anstrengende Tätigkeit und alle hassten es. Es war die erste Arbeit, die mir zugeteilt wurde. Bis heute kann ich mich noch an jede Einzelheit des Pflanzens dieser Setzlinge erinnern. Da ich noch nie zuvor Reissetzlinge gepflanzt hatte, war ich ziemlich aufgeregt, als ich die Sache in Angriff nahm. Ich krempelte meine Hosen hoch bis zu den Knien und versank mit meinen Füßen im kühlen, wässrigen Schlamm des Reisfeldes. Wir bildeten eine Reihe und hatten die Setzlinge neben uns. Unser Instrukteur stand auf einem Pfad neben den Reisfeldern. Als er sah, dass wir bereit waren, kläffte er »Los!«, als würde er den Start eines Rennens ausrufen. Wir traten in Aktion.

Eine Weile lang schaute der Instrukteur uns dabei zu.

»Nein!«, schnauzte er dann. »Ihr macht das nicht richtig. Verkleinert den Abstand zwischen den Setzlingen!«

Ich blickte über meine Schulter. Und da war er, stolzierte selbstherrlich herum und gab Befehle aus. Ich konnte nicht verstehen, warum er uns sagte, die Setzlinge enger beieinander zu pflanzen. Oder warum er nicht selbst ein bisschen mitarbeitete.

Ich drehte mich zu einem Klassenkameraden um, der neben mir arbeitete.

»Was redet er da?«, fragte ich.

Mein Klassenkamerad blickte mich an, als wäre ich ein Idiot.

»*Weißt* du das nicht?«, fragte er mich und machte dabei einen auf ungläubig. »Das ist die neueste wissenschaftliche Methode. So wird mehr produziert.«

Ich hatte zuvor noch keine Reissetzlinge gepflanzt, aber ich wusste, was jedes japanische Kind in der Grundschule lernt: Pflanzt man Reissetzlinge zu eng nebeneinander, verdrängen sie sich gegenseitig und können keine anständige Ernte einbringen. Das Einmaleins des Reisanbaus, wenn man so will. Doch dann dachte ich: Dieser Kerl kann doch kein Amateur sein. Er muss etwas wissen, was ich nicht weiß. Vielleicht haben sie etwas Neues entdeckt. Also machte ich weiter. Unnötig zu erwähnen, dass die Ernte ein kläglicher Misserfolg war. Ich frage mich oft, wie viele Menschen aufgrund einer solchen idiotischen Politik hungern mussten.

Zuerst machte mir das Pflanzen Spaß. Trotz meiner Befürchtungen war es mal etwas Neues. Doch nach ein paar Stunden war ich ganz verspannt und alles tat mir weh. Ich richtete mich auf, um meinen schmerzenden Rücken zu strecken.

»Keine Pause machen!«, schnauzte mich jemand an.

Ich blickte mich um. Es war einer der ständigen Landarbeiter, der da herumstand und überhaupt nichts tat. Ich konnte nicht anders.

»Du scheinst von Landarbeit keine Ahnung zu haben. Was gibt dir das Recht, mich so herumzukommandieren?«, brummelte ich.

Ich schaute nach, ob mich irgendeiner der Parteifunktionäre beobachtete. Das war nicht der Fall, also ging ich eine rauchen.

Danach stellte ich fest, dass die ständigen Landarbeiter kaum irgendeine Arbeit leisteten. Sie verbrachten ihre gesamte Zeit damit, den Mitgliedern des Jugendverbands und den Soldaten vorzuschreiben, was sie tun sollten. Doch am Ende des Tages behaupteten die Bauern, sie hätten einen ganzen Tag lang gearbeitet, und die Funktionäre protokollierten ihre Stunden, ohne nachzufragen. Wir protestierten nicht. Wenn man sich in einem verrückten System wiederfindet, das von gefährlichen Wahnsinnigen erdacht wurde, macht man einfach, was einem gesagt wird.

Obwohl ich meine Klappe hielt, konnte ich nicht umhin, mich zu fragen, wieso die Bauern so unverhohlen doppelzüngig waren. Hörten sie den sogenannten »Landwirtschaftsexperten« zu, gaben sie sich peinlich bescheiden und machten sich selber klein. Doch wenn sie mit uns redeten, verwandelten sie sich in Tyrannen. Der Grund dafür wurde später im Laufe des Jahres zur Erntezeit deutlich.

Die Ernte lief unter der Bezeichnung »Herbstschlacht«. Ich weiß nicht, wer diesen Begriff aufgebracht hatte, aber er klingt ganz nach Kim Il-sung. Alles war eine »Schlacht«, ein »Marsch« oder ein »Krieg«. Aufrüttelnde Worte, um die Menschen zu einem harten Kampf anzuspornen. Und immer in jener übertriebenen Intonation geäußert, die gleichzeitig absurd und geistesgestört klang.

Zur Erntezeit wurden wir wie im Frühjahr angewiesen, uns auf den Feldern aufzustellen. Irgendein Clown rief »Los!«, und wir setzten uns allesamt in Bewegung, um den Reis mit unseren Sicheln zu ernten. Freilich blafften die Instrukteure eifrig Befehle, die Vollzeitbauern gaben vor zu arbeiten, und die einzigen Leute, die wirklich schufteten, waren die Mitglieder des Jugendverbands. Es war eine Knochenarbeit.

Als die Sonne langsam unterging, spürte ich bei dem Gedanken, dass unser Arbeitstag fast vorüber war, einen Schub der Erleichterung. War er aber nicht. Als die abendliche Dunkelheit hereinbrach, erklärte uns einer der Instrukteure, wir sollten alte Reifen über den Pfad verteilen, der zwischen den Reisfeldern verlief. Ich hatte keine Ahnung, wer die Reifen herbeigeschafft und sie hier abgelegt hatte, aber wir verteilten sie so, wie man uns geheißen hatte.

»Was soll das mit den Reifen?«, fragte ich einen der Bauern.

»Wir müssen die Ernte heute abschließen«, antwortete er still. »Anweisung von oben.«

Als es dunkel wurde, steckten die Bauern die alten Reifen in Brand. Das Licht der stinkenden Flammen sollte es uns ermöglichen, die ganze Nacht über zu arbeiten.

Warum nicht ins Bett gehen und die Ernte am nächsten Tag fortsetzen? Der Reis wird in den nächsten sechs Stunden nicht irgendwohin verschwinden. Wozu diese große Eile? Die Antwort war einfach: Bürokratie.

Die landwirtschaftlichen Betriebe der Dörfer wurden von örtlichen Instruktionskomitees verwaltet. Diese Komitees waren für alles zuständig – Maschinen, Bewässerung, Materialien. Die Bauern hatten keine andere Wahl, als den Anweisungen des Komitees Folge zu leisten. Dieses System war als »Machbarkeitskonzept« bekannt.

Machbarkeitskonzept! So etwas passiert mit der Sprache in Ländern wie Nordkorea. Eine totalitäre Diktatur ist eine »demokratische Republik«. Knechtschaft heißt hier »Emanzipation«.

Doch zurück zum »Machbarkeitskonzept«: Die für die landwirtschaftliche Produktion verantwortlichen Bürokraten interessierten sich nicht für irgendwelche örtlichen Gegebenheiten. Norden, Süden, Osten, Westen – da wurde kein Unterschied gemacht. Sie hätten sich nicht weniger für die Besonderheiten eines bestimmten Gebietes interessieren können. Eine rigide einheitliche Landwirtschaftspolitik wurde als universelle Wahrheit ausgegeben. Jede örtliche Umweltbedingung wurde komplett ignoriert und an alle wurde der gleiche Befehl ausgegeben: »Das Pflanzen der Reissetzlinge muss zu diesem und jenem Datum abgeschlossen sein!« »Dies ist die Frist bis zur Einbringung der Ernte!« Egal, wie grotesk die Anordnung war, die Bauern mussten den Zeitplan einhalten. Und so arbeiteten wir manchmal die ganze Nacht lang.

War ein Bauer so dreist, Einwände gegen die Absurdität einer Anordnung zu erheben, wurde ihm gesagt: »Der Grund, warum du die Arbeit nicht rechtzeitig erledigen kannst, ist dein völliger Mangel an Loyalität gegenüber Kim Il-sung und zur Partei.« Und jeder wusste, was das bedeutete. Deshalb wagte es niemand, sich zu beschweren.

Soldaten und Mitglieder des Jugendverbands wurden nur zweimal im Jahr zum Arbeiten aufs Land geschickt, aber die eigentlichen Landwirte mussten die ganze Zeit über unter diesen lächerlichen Bedingungen arbeiten. Sie wussten, dass ihre Arbeit, egal, wie lange sie schufteten und welch große Bemühungen sie investierten, nicht angemessen entlohnt wurde; ihre Bezahlung war stets die gleiche. Und sie mussten den Anweisungen von Amateuren Folge leisten, die nicht wussten, wovon sie redeten. So verloren sie natürlich jegliche Motivation. Wer konnte es ihnen übel nehmen?

In der Landwirtschaft zu arbeiten war körperlich anstrengend, aber damals war ich ein Teenager, und so kam ich damit zurecht. Was ich am meisten an dieser Arbeit hasste, war, dass ich am Ende des Tages kein Bad nehmen oder mich duschen konnte. Schlammverkrustet und nach Schweiß riechend kam ich dann nach Hause, und alles, was ich wollte, war, mir das einfach alles abzuwaschen. Doch unser Haus hatte keine Badewanne. Niemandes Haus hatte eine. 1960. Im Paradies auf Erden.

Am Ende haben wir uns selbst eine behelfsmäßige Badewanne zusammengeschustert und versucht, das Beste daraus zu machen. Ich stelle mir vor, dass andere »Rückkehrer« das Gleiche taten. Aber hockten sie dann auch wie ich in ihren notdürftigen Wannen und schwelgten in Erinnerungen an die Vergangenheit? Ich musste an den lustigen Waschbottich meiner Kindheit denken; ich erinnerte mich, zu den Wolken hinaufgeschaut und von einer Zukunft mit ungeahnten Möglichkeiten geträumt zu haben. Stattdessen war ich nun hier und hatte die Hölle in Aussicht. Ich denke, ich hätte über die Traurigkeit meiner Notlage weinen sollen. Aber das tat ich nicht. Schon damals habe ich nicht mehr geweint.

Unser behelfsmäßiges Bad machte unsere Nachbarn wütend. Für sie war es ein Symbol japanischer Dekadenz. Baden war ein Akt bürgerlicher Selbstgefälligkeit; das Gleiche galt für den Umstand, dass wir täglich unsere Kleidung wechselten. Unsere älteren Nachbarn klagten uns an, wir würden uns »wie Gutsherren« verhalten. Zuerst verstand ich nicht, was sie damit meinten, doch aus ihren hasserfüllten Blicken schloss ich, dass sie sich auf eine längst verschwundene Oberschicht bezogen.

Die Leute, mit denen ich zu tun hatte, schienen ihre Kleidung kaum je zu wechseln oder zu waschen. Sie duschten oder wuschen sich fast nie. Der Schmutz hatte sich an ihren Körpern festgesetzt, sie waren verdreckt. Von Zeit zu Zeit führte ein Hygieneteam an der Schule eine Läusekontrolle durch. War man dreckig, wurde man wegen schlechter Hygiene beschimpft. Doch wenn man bekannte, dass man häufig badete, wurde man ebenso beschimpft, in diesem Fall wegen »japanischer Dekadenz«. Wie üblich lag man immer falsch.

Ich konnte die Angelegenheit nicht auf sich beruhen lassen und sagte zu einem meiner Freunde: »Sie haben uns gesagt, wir sollen uns sauber halten, richtig? Wenn sie das ernst meinen, sollten sie uns dazu ermutigen, jeden Tag zu baden.«

»Was sagst du da? Jeden Tag ein Bad? Nur ein japanischer Bastard kann so etwas befürworten«, entgegnete er, als hätte ich etwas vollkommen Verrücktes vorgeschlagen.

Ich war schockiert. Nicht von seiner Meinung, vielmehr über seinen Ton. Ich hatte gedacht, er sei mein Freund. Wie konnte er mir ins Gesicht sagen, ich sei ein »japanischer Bastard«?

Rückblickend glaube ich nicht, dass den Leuten überhaupt klar war, dass dies ein beleidigender Ausdruck war. Japaner Bastarde zu nennen war für sie nur eine Tatsachenfeststellung. Nordkoreaner waren indoktriniert worden zu denken, alle Japaner seien grausam. Und um fair zu sein, neigte ich dazu, Nordkoreaner »Eingeborene« zu nennen. Das taten auch die meisten anderen Rückkehrer.

Wenn wir nicht bei der Landarbeit eingesetzt wurden, hatte der Jugendverband andere Aufgaben, so sollten wir zum Beispiel sämtliche Rohstoffe sammeln, die wiederverwendet werden konnten – Alteisen, Gummi, leere Büchsen, benutztes Papier und so weiter. Manchmal wurden wir angewiesen, nach Schrott zu suchen, der für die Panzer- oder Flugzeugproduktion benutzt werden konnte. Unsere Lehrer sprachen dann über den jüngsten »Schwung für die Panzerproduktion« oder den »Schwung für die Flugzeugproduktion«. Jeden Monat wurden Ziele gesetzt, wie viel Pfund wir einsammeln mussten.

Aber in Nordkorea warf niemand etwas weg, das noch irgendeinen Wert oder Nutzen hatte. Deswegen war es uns unmöglich, die gesetzten Ziele einzuhalten. Trotzdem wurde man, wenn man sie nicht einhalten konnte – was unvermeidlicherweise immer wieder vorkam – strengstens getadelt. Und die Eltern auch.

Es mag zwar seltsam klingen, aber das Schwierigste für mich war, die beiden pro Jahr verlangten Kaninchenfelle zusammenzubringen. Die wurden gebraucht, um Mützen, Ohrenschützer und Handschuhe herzustellen, damit sich die Soldaten vor der bitteren Kälte schützen konnten. Kinder wurden dazu ermutigt, Kaninchen zu halten und auf ihrem Schulweg Futter für die Tiere zu ergattern. Das war geradezu lächerlich, denn unsere Chancen, ein Kaninchen zu fangen, waren unglaublich gering. Und schaffte es irgendjemand mal, eines zu fangen, aß er es sofort auf und verkaufte das Fell dann auf dem Bauernmarkt. Was machten also Schüler, wenn sie keine Kaninchen fangen konnten? Dann mussten sie zum Markt gehen und ein Fell kaufen. Aber ein Fell kostete vier oder fünf Won, ein enormer Betrag, wenn man bedenkt, dass das durchschnittliche jährliche Einkommen eines Arbeiters bei nur siebzig oder achtzig Won lag.

Die Lehrer schimpften natürlich jeden Schüler aus, der die geforderten zwei Felle nicht beibringen konnte. Wie gut ich mich an ihre einschüchternden Bemerkungen erinnere! »Wenn du *kein* Kaninchenfell kriegen kannst, besorge etwas *Zement*! Kriegst du keinen Zement, besorge ein paar *Ziegelsteine*!«

Zement und Ziegelsteine waren als Baumaterialien natürlich wertvoll. Wenn Lehrer hochrangigen Parteimitgliedern eine ansehnliche Menge an

Zement und eine ausreichende Zahl an Ziegelsteinen übergeben konnten, waren sie bei den Funktionären gut angeschrieben.

Eltern von Schülern, die in der Schule zu kämpfen hatten, gaben Lehrern Zigaretten und Alkohol als Schmiergeld. Doch die Schmiergelder waren nie genug. Die Lehrer drängten aggressiv auf mehr und mehr. Schüler, die keine weiteren Schmiergelder anzubieten hatten, wollten nicht zur Schule gehen.

Im Winter wurden wir auch damit beauftragt, ein bestimmtes Kontingent an Brennholz und Holzkohle zu sammeln. Manche Familien bemühten sich nicht, Holz zu sammeln, und kamen auf die Idee, einfach alternative Lösungen zu finden. Sie stellten ihren eigenen Torf her oder klauten zum Kochen sogar Elektrizität. Diese Kinder hatten keine Möglichkeit, die ihnen gesetzten Ziele zu erreichen. Infolgedessen liefen sie in der Nacht vor dem Stichtag im Dorf herum und stahlen alles Brennholz und alle Holzkohle, die sie in die Hände bekamen.

War man erst einmal über das Schulalter hinaus, wurde von jedem Einzelnen erwartet, zwei Aufgaben zu erfüllen: zur Produktion beizutragen und sich an militärischen Operationen zu beteiligen. Das ganze System basierte auf den »vier militärischen Fronten«. Die wichtigsten Grundsätze waren »Bewaffnet das gesamte Volk!«, »Befestigt die gesamte Nation!«, »Baut eine Nation aus militärischen Führern auf!« und »Vervollständigt die militärische Modernisierung!«. So wurden verschiedene Milizen gebildet.

Als ich für den Jugendverband zu alt wurde, hatte ich keine andere Wahl, als mich einer dieser Milizen anzuschließen. In meinem Fall waren es die Arbeiter-und-Bauern-Rotgardisten. Nach meinem Abschluss der Oberschule schrieb ich mich ein und begann ein Ausbildungsprogramm.

Diese Ausbildung war durchaus professionell. Wir lernten, Schützengräben auszuheben und wie wir zu kämpfen hatten, um unsere Stellung zu verteidigen. Wir wurden gut als Scharfschützen ausgebildet. Gruppen Einzelner, die es gewohnt waren zusammenzuarbeiten, wurden zu militärischen Einheiten zusammengefasst. Der Grundgedanke war, dass die Einheiten im Krisenfall sehr schnell mobilisiert werden konnten. Zweimal im Jahr, in der heißesten und in der kältesten Zeit des Jahres, nahmen wir an Übungen teil. Dann machten wir Dinge, wie einen Berg zu besteigen oder Schützengräben aus dem gefrorenen Boden auszuheben. Gleich von Beginn an gab es eine Sache, die ich mich immer wieder fragte: Was hatte es mit der Versessenheit der Partei auf sich, die ganze Nation zu militarisieren?

Am Ende einer besonders zermürbenden Trainingszeit sagte ich zu meinem engsten Freund: »Mein Gott, ich halt das nicht mehr aus. Es ist einfach zu hart!« Hätte ein Mitglied der Geheimpolizei dieses kleine bisschen belanglose Meckerei gehört, wäre ich sofort in ein Konzentrationslager geschickt worden. Ich war nicht der Einzige, der klagte, aber das war gefährlich.

Es war schwer für mich zu verstehen, warum niemand jemals den Sinn der Ausbildung infrage zu stellen schien, aber ich musste mir vergegenwärtigen, dass sie von klein auf von der einen oder anderen kläffenden, hysterischen Stimme einer Gehirnwäsche unterzogen worden waren. Als sie Kinder waren, sorgten die Lehrer dafür; später die Parteifunktionäre, die ihnen Tag für Tag für Tag die gleichen Botschaften einhämmerten. »Der Diktator von Südkorea hat den Koreakrieg angefangen! Er war ein proamerikanischer Imperialist! Der Führer einer Marionettenregierung! Ein Schoßhund!« Daher war die Militarisierung der Nation in ihren Augen vollkommen gerechtfertigt. Sie war das einzige Bollwerk gegen imperialistische amerikanische oder südkoreanische Angriffe. Und jeder, der an dieser Weisheit zweifelte oder sie infrage stellte, musste ein Konterrevolutionär sein. Ein Subversiver. Ein Verräter.

Wer sich fragt, ob sie wirklich einer so vollständigen Gehirnwäsche unterzogen werden konnten, sollte bedenken, dass die Nordkoreaner nie eine liberale Demokratie erlebt hatten. Sie hatten keine Vorstellung davon, was das ist oder was es bedeutete. Meine Kameraden kannten nur die Kolonialherrschaft Japans, oder hatten von ihr gehört, und die Diktatur von Kim Il-sung. Und davor lag die elende feudale Zeit der koreanischen Dynastien. Sie hatten immer nur Knechtschaft gekannt. Nordkoreaner hatten nichts, womit sie ihr Land vergleichen konnten, weil sie nie etwas anderes erlebt hatten. Selbst wenn Kim Il-sung etwas besonders Brutales oder Schreckliches tat, zuckte niemand auch nur mit der Augenbraue. »Denk an die Zeit der japanischen Kolonialherrschaft!« »Vergiss nie die Grausamkeit des amerikanischen Imperialismus!« Da ihnen keine anderen Informationen zur Verfügung standen, fielen die jungen Nordkoreaner einfach auf die Propaganda herein.

April 1964. Es war unser viertes Jahr in Nordkorea. Es war eisig kalt. Wer glaubt, dass April doch der Beginn des Frühlings ist, sollte das vergessen. Der Schnee draußen reichte mir bis zur Hüfte. Der 15. April 1964 war Kim Il-sungs Geburtstag und daher einer der größten Feiertage des Jahres. In diesem speziellen Jahr war er für meine Familie eine Katastrophe.

Jeder in Nordkorea feierte diesen erbärmlichen Tag. Jede Familie bekam zweieinhalb Pfund Schweinefleisch und ein paar Süßigkeiten und Früchte – zu jeder anderen Zeit des Jahres ein unerhörter Luxus. Erstaunlicherweise waren die Leute von diesen »Geschenken« ganz betört: Sie dachten wirklich, Kim Il-sung würde für sie sorgen. Auf diesen Trick fiel ich nie herein, aber meine Schwestern und ich freuten uns auf diese Gelegenheit wie alle anderen auch. Schweinefleisch und Süßigkeiten und Früchte – und das alles an einem Tag? Es war der einzige Tag des Jahres, an dem ich nicht hungrig war. Was sollte einem daran nicht gefallen?

Während unserer ersten Jahre dort machte sich mein Vater am Vorabend der großen Feierlichkeit auf den Weg, um ein paar der Haushaltsgegenstände, die wir aus Japan mitgebracht hatten, zu verkaufen, sodass er etwas Fleisch und Alkohol kaufen konnte. Und siehe da, als der große Tag kam, tauchten unsere Nachbarn plötzlich aus dem Nichts auf, um meine Mutter zu besuchen – die sie normalerweise ignorierten, es sei denn, sie brauchten ihre Hilfe bei der Entbindung eines Babys. Am Geburtstag des Großen Führers lächelten alle nur.

Von nah und fern kamen Leute zu unserem Haus. Hohe Tiere von Partei und Militär, ein Typ, der als »Kampfgruppenkommandeur« bekannt war, der Dorfvorsteher und die verschiedensten Mitläufer – alle ließen sich blicken. Obwohl unser Haus mitten in den Bergen lag, schafften es alle irgendwie, zu uns zu gelangen. Sie waren ja nicht dumm. Sie wussten, dass es bei uns leckeres Essen und genug zu trinken gab. Sie wussten auch, dass unser schäbiges japanisches Haus – oh, Schreck lass nach – sauber war. Und vielleicht das Wichtigste: Sie wussten, dass es bei uns reichlich Alkohol gab.

In jenem Jahr, 1964, machten meine Mutter und ich in der Küche ein Feuer und sie kochte stundenlang. All die Heuchler und Parasiten trafen ein und machten sich einen schönen Lenz, indem sie die Früchte ihrer Arbeit genossen. Alle wurden betrunken und lachten und sangen bis ein oder zwei Uhr morgens. Schließlich machte sich einer nach dem anderen auf den Nachhauseweg, mit Ausnahme eines Friseurs namens Han Juhan, der so besoffen war, dass er kaum aufstehen konnte. Es mag seltsam klingen, aber Friseure waren damals in Nordkorea eine Seltenheit, und so wurde er von verschiedenen hohen Tieren begünstigt. Obwohl wir ihn baten, über Nacht bei uns zu bleiben, bestand er darauf, nach Hause zu gehen. Er schaffte es schließlich, aufzustehen und nach draußen in die Dunkelheit zu taumeln. Straßenlaternen gab es keine und er hatte keine Taschenlampe. Und draußen lag der Schnee unglaublich hoch. Es hätte leicht passieren können, dass er in einen Fluss fiel oder auf einem Bergpfad ausrutschte. Doch er bestand darauf zu gehen, und meine Eltern, meine Schwestern und ich waren so müde, dass wir uns, nachdem er gegangen war, sofort ins Bett legten.

Ich wachte auf und spürte eine unerträgliche Hitze. Als ich meine Augen öffnete, züngelten Flammen an der Decke. Zuerst dachte ich, das sei alles nur ein Traum. Dann sprang ich aus meinem Bett und schrie alle anderen an aufzustehen. Doch sie schliefen tief und fest, ihre Bäuche voll von gutem Essen. Ich schüttelte meine Eltern, dann meine Schwestern und brüllte alle an aufzuwachen. Mein Herz raste und ich war sicher, wir würden alle sterben. Schließlich schaffte ich es, sie aufzuwecken, und als sie sahen, was gerade passierte, sprangen sie auf.

Wir hatten keine Zeit, uns anzuziehen oder irgendetwas mitzunehmen. Sekunden nachdem wir das brennende Gebäude verlassen hatten, brach das Ganze in sich zusammen. Wir waren wirklich so knapp entkommen. Bis heute habe ich davon Albträume.

Es stellte sich heraus, dass der gefeierte Friseur das Feuer verursacht hatte. Mit den undurchdringlichen Schneemassen und seinem Rauschzustand konfrontiert, torkelte er zu unserem Haus zurück. Doch statt hereinzugehen, wankte er zu dem Schuppen, in dem wir Stroh und Feuerholz aufbewahrten. Er machte sich ein Bett aus Stroh zurecht, zündete sich in seinem betrunkenen Zustand eine Zigarette an und schlief sofort ein. Die ganze Stätte entzündete sich wie ein Pulverfass. Offensichtlich wachte er auf und versuchte zu rufen, doch er war zu besoffen und zu sehr in Panik, als dass er darüber hinaus noch irgendetwas zustande gebracht hätte. Er war so eingeschüchtert, dass er einfach in die Nacht davonkroch.

Schon bald kamen einige Dörfler heraus auf die Straße und beeilten sich, uns dabei zu helfen, das Feuer zu löschen. Einige von ihnen bildeten eine Reihe vom Brunnen zum Haus und reichten Eimer mit Wasser weiter. Andere schleppten Wasser in allen möglichen Behältnissen, die sie gerade finden konnten, vom Reisfeld heran. Manche versuchten sogar, mit Schnee zu löschen. Doch ihre Bemühungen waren vergeblich. Unser Haus war vollständig abgebrannt. Und alles, was wir besaßen, ebenso. Mir nichts, dir nichts waren wir obdachlos. Gerade als ich gedacht hatte, es könnte nicht mehr schlimmer werden, brach alles um uns herum zusammen. Ich hatte nur noch das Gefühl, wir seien verflucht.

Am nächsten Morgen gingen mein Vater und ich zu ebenjenen Parteifunktionären, die am Tag zuvor noch unsere Gastfreundschaft genossen hatten, und fragten, ob die Partei uns aushelfen könne. Es war noch keine 24 Stunden her, dass sie fröhlich unser Essen gefuttert und sich mit dem Alkohol, den mein Vater gekauft hatte, betrunken hatten. Jetzt aber zogen sie ganz andere Saiten auf. »Was redest du da, du japanischer Bastard? Warum sollten wir *dich* unterbringen? Wir werden dir jedoch eine Sondererlaubnis erteilen, ein paar Bäume zu fällen, damit du deiner Familie ein neues Haus bauen kannst. So weit die Verlautbarung der Partei«, sagten sie und freuten sich sichtlich über etwas, das sie als eine besondere Geste der Großzügigkeit betrachteten. Ihre Heuchelei machte mich krank.

Wir gingen schnurstracks zum Vorarbeiter des örtlichen Depots, um uns einen Ochsenkarren zu borgen. Meine Mutter konnte etwas Reis und den Holzofen aus den Trümmern unseres ausgebrannten Hauses hervorholen und kochte zwei Kugeln Reis für uns. Mein Vater und ich zuckelten los in den Wald, der ungefähr acht Kilometer vom Dorf entfernt lag. Ein Polizist erklärte uns, wo wir ein paar Bäume fällen konnten, und wir machten uns sofort an die Arbeit. Nachdem wir zwölf Bäume gefällt hatten, gönnten wir uns eine Mittagspause.

»Iss beide Reiskugeln«, sagte mein Vater zu mir.

Es war mir ziemlich peinlich, als ich versuchte, ihm eine der Reiskugeln zurückzugeben. Ich war es nicht von ihm gewohnt, dass er freundlich und rücksichtsvoll war.

»Nein, nein, nein«, sagte ich. »Lass sie uns teilen.«

Aber er schob mich weg. Ich verlor das Gleichgewicht und stürzte. Die Reiskugeln rutschten mir aus der Hand und kullerten den Hang hinunter. Mein Vater jagte ihnen hinterher und holte sie zurück. Sie waren von Schmutz bedeckt, doch mein Vater übergab sie mir trotzdem. »Deine Mutter hat sie für dich gekocht, also iss sie einfach!«, sagte er. Und zu meiner Verwunderung brach er in Tränen aus. Ich hatte ihn nie weinen oder so starke Gefühle zeigen sehen. Also fing auch ich an zu heulen. Der Umstand, dass mein Vater seine Gefühle zeigte, ließ alles irgendwie noch viel schlimmer erscheinen. Aber die Reiskugeln habe ich mir natürlich reingezwängt. Und das kleine Körnchen Liebe für meinen Vater, das aufgekeimt war, als wir im Land ankamen, begann zu wachsen.

Im Dorf gab es einen Menschen, der nett zu uns war. Sein Name war Herr Chon und er war Schmied. Er versuchte, meine Mutter aufzumuntern, die an einem Tiefpunkt angekommen war. Wann immer wir ihm für ein paar zusätzliche Lebensmittel, die er für uns geschnorrt hatte, dankten oder ihm gegenüber unsere Dankbarkeit erklärten, weil er bei uns vorbeikam, um zu sehen, wie es uns ging, sagte er nur: »Hey, das nächste Mal könnt ihr *mir* ja mal aushelfen!« Doch die meisten der Dorfbewohner ignorierten uns; manche schienen sogar froh darüber zu sein, dass unser Haus zerstört worden war. Schon seit wir hier angekommen waren, waren sie eifersüchtig auf uns, und nun fühlten sie sich eindeutig bestätigt. »Oh! Warum sollen diese vornehmen japanischen Bastarde in einem besseren Haus leben als wir? Wie kommt es, dass Rückkehrer in so einem schönen Haus wohnen können?« Unsere Bude war natürlich nicht besser als ihre Häuser. Sie hatte halt ein Ziegeldach. Doch das genügte schon, bei ihnen Ärger zu erregen. Das Gleiche sagten sie über unsere japanische Kleidung. Es waren billige Kleidungsstücke und zudem waren sie zunehmend ramponiert und alles andere als besonders modisch, doch für die Ortsansässigen waren es Luxusklamotten. Während wir die Ruine unseres abgebrannten Hauses aufräumten, kamen ein paar der Dörfler vorbei und verhöhnten uns ungeniert. Ich kam nicht umhin festzustellen, dass es genau die gleichen Leute waren, die nur wenige Tage zuvor gierig die Gerichte meiner Mutter verschlungen und den Schnaps meines Vaters in sich hineingekippt hatten. Damals begann ich, sie nur noch »Eingeborene« zu nennen.

Als wir dann dabei waren, unser neues Haus zu bauen, war Herr Chon der einzige Dorfbewohner, der uns dabei half. Zuerst brachten wir die Bäume, die wir im Wald gefällt hatten, zur Bearbeitung zu einem Sägewerk. Dann legten wir das Fundament mit Steinen, die wir am Fluss gesammelt hatten. Meine Mutter und die Schwestern buddelten Lehm aus, der für die Wände benutzt werden konnte. Ein paar Wochen später deckten wir ein Dach aus Stroh, um den Regen abzuhalten. Obwohl wir uns etwas erleichtert fühlten, als das Haus fertig war, hatten wir noch immer keinen Hausrat oder Lebensmittel oder Kleidung. Mein Vater musste das meiste unserer mageren Haushaltskasse für ein paar Grundnahrungsmittel vom Bauernmarkt ausgeben. Wir hatten nicht genug Geld für Kleidung, daher hatte jeder von uns nur zwei Anziehsachen, und wir waren gezwungen, ohne Unterwäsche zurechtzukommen.

In dieser ganzen Situation sagte meine Mutter immer wieder: »Es tut mir so leid! Es tut mir so leid!«

»Mir tut es auch leid. Ich mach dir dein Leben immer so schwer«, sagte mein Vater. Wieder schockierten mich seine Worte. Er schien ein anderer Mensch geworden zu sein. Ich hatte widersprüchliche Gefühle. Es war das erste Mal, dass ich gesehen hatte, dass mein Vater sich um meine Mutter sorgte, was offensichtlich eine willkommene Entwicklung war. Doch gleichzeitig dachte ich: Ist es das, was mein Vater braucht, damit er sich um meine Mutter kümmert? Den totalen Ruin? Dann hatte er sehr lange gebraucht, das zu schaffen.

Selbst jetzt noch frage ich mich manchmal, warum mein Vater in Nordkorea so anders war als der Mann, der er in Japan gewesen war. Ich dachte immer, es hätte mit der Demonstration körperlicher Stärke zu tun. Die war in Japan das Entscheidende, das ihm echte Macht verlieh. Aber in Nordkorea war körperliche Stärke nicht mehr von Bedeutung. Tatsächlich war sie eher eine Belastung als ein Vorteil. Aber ich denke, die Sache war komplizierter als das. In Japan war er ständig mit Engstirnigkeit, Vorurteilen und Diskriminierung konfrontiert gewesen. Die einzige Möglichkeit, die ihm blieb, seine Gefühle auszudrücken und sich zu wehren, war Gewalt gewesen. Doch wie er es sah, hatte er damals gekämpft, um seine koreanischen Landsleute zu verteidigen.

Nachdem wir in die knarrende Hütte eingezogen waren, die wir erbaut hatten, fing mein Vater damit an, nach und nach mehr über seine Vergangenheit zu erzählen.

Er grübelte immer wieder über die gleichen alten Ressentiments nach. Und wer konnte es ihm verdenken? »Es ist unglaublich. Ich habe wirklich versucht, mich für meine Landsleute in Japan einzusetzen. Ich wäre für sie gestorben. Und was war meine Belohnung?« Dann zeigte er auf unsere Umgebung und sagte: »Das!«

Manchmal konnte er seinen Ärger und seine Frustration nicht zurückhalten. »Ich kann nicht glauben, wie sehr mich diese Leute enttäuscht haben! Masaji, solltest du jemals nach Japan zurückgehen, dann sag denen bitte, was ich von ihnen halte!«

Seltsamerweise habe ich ihn nie über das politische System von Nordkorea klagen oder ihm etwas zur Last legen gehört. Schließlich wurde mir klar, dass er nie wirkliche Freiheit erlebt hatte. Er war unter japanischer Kolonialherrschaft geboren und dann zu einem Leben als Sklavenarbeiter verschickt worden. Er hatte also nie etwas anderes gekannt. Das könnte erklären, warum er mit der Zeit milder und entgegenkommender zu werden schien.

Meine Mutter allerdings wurde mit jedem Tag ängstlicher.

Kurz nachdem wir in unsere Bretterbude eingezogen waren, kam ein junger Polizeioffizier vorbei. Laut diesem Burschen war unser Familienstammbuch fehlerhaft. Als Nationalität meiner Mutter war darin Japanisch verzeichnet und als ihr Name war Miyoko Ishikawa eingetragen.

»Du musst deinen Namen ändern!«, brüllte er mit wütendem Blick auf meine Mutter.

»Sie ist Japanerin«, sagte ich. »Sie braucht ihren Namen nicht zu ändern.«

»Du lebst in Nordkorea. Du musst deinen Namen ändern!«, schrie er und brüllte ihr ins Gesicht. »Du musst einen nordkoreanischen Namen benutzen!«

»Fass sie bloß nicht an!«, sagte ich und lief zu ihr hinüber, um sie zu verteidigen. »Wenn du ihr auch nur ein Haar krümmst, bringe ich dich um!«

Daraufhin schien er etwas nachzugeben.

Meine Mutter konnte kein Wort von dem, was er sagte, verstehen, und trotzdem schaute sie sehr verängstigt.

Der Polizist straffte seine Schultern und drückte in einem alles andere als überzeugenden Versuch, groß zu erscheinen, seine Brust heraus.

»Also«, drohte er, »ändere deinen Namen ... bis zum *nächsten Mal*!«

Was auch immer das zu bedeuten hatte.

Und damit stapfte er aus dem Haus hinaus.

Ich drehte mich zu meiner Mutter um und sagte ihr, sie solle sich deswegen keine Gedanken machen. Mehr wollte ich aus Furcht, ihr Sorge zu bereiten, dazu nicht sagen.

Sie seufzte und zog sich ihren ausgefransten Rucksack über. Sie wirkte so gebrechlich und erschöpft, als ob sie nicht einmal mehr die Energie hätte, sich zu ängstigen.

»Ich muss los, um irgendetwas für unser Essen zu suchen.«

Und damit schleppte sie sich müde den Berg hinauf, um nach Farnkraut, Farnen und wilden Pilzen zu suchen – nach irgendwas, das auch nur halbwegs essbar war. Sie trug ausgebeulte, mit Flicken überzogene Arbeitshosen und zerlumpte Schuhe. Ich wollte weinen, wie sie es manchmal tat. Oft brach sie zusammen und schluchzte stundenlang. Ich versuchte, sie zu trösten, konnte aber nie die richtigen Worte finden. Es gab sie nicht.

Als ich auf der Oberschule war, glaubte ich wirklich, dass ich, wenn ich nur fleißig genug lernen würde, einen Weg aus meiner Situation heraus finden und meine Familie retten könnte. Trotz der Feuerkatastrophe mit unserem Haus und der Diskriminierung, der wir jeden Tag ausgesetzt waren, war ich aufrichtig davon überzeugt, dass ich, wenn ich mich nur genug anstrengte, dieser misslichen Lage entkommen und einen Weg vorwärts in ein besseres Leben für mich selbst und für meine Familie finden würde. Als der Abschluss näher rückte, lernte ich fleißiger denn je.

Eines Tages, drei Monate vor dem Abschluss, händigte uns der Lehrer ein Formular aus. Wir sollten darin eintragen, was wir nach dem Abschluss machen wollten, und unsere Zukunftsträume beschreiben. Es war eine grausame Aufgabe, denn eine echte Wahl hatten wir in dieser Hinsicht nicht. Aber das wusste ich noch nicht. Physik war mein bestes Fach, und so wollte ich an der Universität Physik studieren und dann Forscher werden. Pflichtbewusst schrieb ich:

Ich möchte an die Universität gehen und Physik studieren.

Jemand fragte mich, was ich denn geschrieben hätte, also sagte ich es ihm. Einige meiner Klassenkameraden bekamen mit, was ich sagte, und fingen an, mich auszulachen.

»Ha! Dieser Kerl will an die Universität gehen«, sagte ein Klassenkamerad.

Da fingen noch mehr Leute an zu lachen. Ich konnte das nicht begreifen, und so verlor ich, wie man sich vorstellen kann, meine Beherrschung. »Ja. Ich will an die Universität. Was ist daran falsch?«, sagte ich.

Das fand ich am nächsten Tag während meines Beratungsgesprächs heraus, das der Schuldirektor und mein Klassenlehrer freundlicherweise anboten. Diese »akademische und berufliche Beratung« war, wie sich herausstellte, ein einziger Witz. Ich lernte, dass in Nordkorea nach dem höheren Schulabschluss drei Wege zur Auswahl standen. Nur gab es die gar nicht. In Wirklichkeit wurde dein Weg für dich gewählt. Grundsätzlich galt, wenn du schlau warst und deine Herkunft und dein Hintergrund gut genug waren, wurdest du an die Universität geschickt. Warst du körperlich stark, gingst du an die Militärakademie oder wurdest ein einfacher Soldat. Alle anderen wurden als Arbeiter an Arbeitsplätze geschickt. Der wichtigste Faktor für die Festlegung deines Weges war jedoch nicht, wie sehr du dich angestrengt hattest, sondern welcher Kaste du zugeordnet wurdest.

Die drei Kasten waren »Kern« (oder »Innerste«), »Basis« (oder »Schwankende«) und »Feindselige«. Drei Kriterien bestimmten deine Zugehörigkeit zu einer der Kasten: deine Herkunft und dein Hintergrund, deine wahrgenommene Loyalität gegenüber der Partei und deine Beziehungen. Akademische Leistungen hatten mit alldem nichts zu tun, egal, wie vorzüglich sie waren. Dein ganzes Leben wurde dadurch bestimmt, welcher Kaste du zugeordnet wurdest. Wurdest du als zu den »Innersten« zugehörig erachtet, stand dir eine rosige Zukunft bevor. Doch wurdest du als »Feindseliger« eingeschätzt, gehörtest du zu denen ganz unten, und das würde dein Leben lang so bleiben. Keine berufliche Karriere. Keine Chance, dich zu verbessern. Kein Ausweg.

Es stellte sich heraus, dass der Schuldirektor auch nur ein Partei-Apparatschik war. An diesem besonderen Tag war es seine Aufgabe, mich darüber zu informieren, welcher Kaste ich zugeordnet wurde. Mir wurde gesagt, ich sei als »Feindseliger« eingeschätzt worden. Und das war's dann.

Mir drehte sich der Kopf. Ich hatte das Gefühl, der Boden hätte sich unter mir aufgetan, als stürzte ich in einen Abgrund. Fragen, die gestellt werden wollten, rangelten sich in meinem Kopf. Eingeschätzt? Von wem? Weshalb? Hatte ich nicht fleißig gelernt? Hatte ich nicht hart für die Partei gearbeitet? War das alles nur Zeitverschwendung und vergebliche Mühe gewesen? Was würde jetzt mit meiner Familie geschehen?

Dass Nordkorea kein »Paradies auf Erden« war, wusste ich schon, seit ich meinen Fuß in dieses Land gesetzt hatte. Aber ich hatte gedacht, dass der Besuch der Universität meine einzige Chance sei, meine Position zu verbessern. Schließlich hatte das seinerzeit in Japan zu den Verlockungen gehört, warum man nach Nordkorea umsiedeln sollte. Sie hatten *versprochen*, dass wir kostenlos eine gute Ausbildung bekommen würden. Das war ein großer Anreiz gewesen. Aber auch eine einzige unverschämte Lüge. Es ist schwer, in Worte zu fassen, was diese Erkenntnis in mir auslöste. Ich war zutiefst und ganz und gar erschüttert. Die Erkenntnis, dass ich dazu verurteilt war, den Rest meines Lebens ganz unten in der Gesellschaft zu verbringen, krachte wie eine Lawine auf meinen Kopf. Ich verlor jegliche Hoffnung für die Zukunft, und ich hatte das Gefühl, dass an jenem Tag ein Teil von mir starb.

Am nächsten Tag kamen ein paar Dokumente vom Büro für Arbeit des Volkskomitees an. Wissend, dass es für meine Zukunft keinen Unterschied machte, wie viel Mühe oder Anstrengung ich aufbringen würde, war mir nun egal, welche Arbeit mir zugeteilt würde. Mit einer Ausnahme: War man Landarbeiter, gab es keine Hoffnung auf einen Aufstieg – und keine Chance, dem Dorf jemals zu entkommen. Wie bei meinem Vater. Als es dann so weit war, den Teil eines Formulars auszufüllen, in dem man schreiben sollte, welchen Beruf man sich erhoffte, schrieb ich:

Fabrikarbeit

Tatsächlich war es egal, was man schrieb. Es wurde sogar mein mickriger »Wunsch« in einer Fabrik zu arbeiten, abgelehnt und ich wurde angewiesen, in der dörflichen Landwirtschaft zu arbeiten. Als der Instrukteur vom örtlichen Volkskomitee kam, um mir zu verkünden, wo ich arbeiten sollte, muss mein Unmut ersichtlich gewesen sein, den plötzlich schnauzte er mich an: »Der Sohn eines Landarbeiters muss Landarbeiter werden. So wird das in diesem Land gehandhabt. Du solltest dankbar sein, dass du und solche Leute wie deine Familie überhaupt eine Arbeit bekommen.«

Und dann meinte er, um mich zu trösten, Landarbeit sei nicht der schlechteste Job. Letztendlich sei es besser, als in einer Kohlemine zu schuften. Und Leute wie wir – diejenigen unter uns, die aus Japan herübergekommen waren, die von ganz unten – sollten ihren Glückssternen dankbar sein.

Ich wusste natürlich, dass die Partei uns gegenüber feindlich gesinnt war, doch bis zu diesem Moment war mir noch nicht klar gewesen, dass es eine bewusste Politik war, Japaner auf der gesellschaftlichen Rangskala ganz unten zu platzieren. Ich war verblüfft, dass dieser Mann so etwas offen eingestand.

Mit einem Mal fühlte ich mich völlig überwältigt. Von Wut. Frustration. Verzweiflung. Und alles, was mir übrig blieb, war, in Richtung des

Berges zu gehen und zu weinen. Jemand hat einmal gesagt: »Wenn ein weinendes Baby das Universum niederreißen könnte, würde es das tun.« Genau so fühlte ich mich an jenem Tag. Ich wollte das ganze Universum zertrümmern, aber die traurige Wahrheit war, dass es mir längst auf den Kopf gekracht war.

Zu Hause konnte ich nicht schreien und weinen und meiner Verzweiflung Luft machen, denn dann würde mich meine Mutter hören, und sie war ohnehin schon am Ende ihrer Kräfte. Ich hätte es nicht ertragen können, ihr noch mehr Leid zuzumuten. Ich war auch nicht sicher, wie ich mit meinen Schwestern über meine Gefühle reden sollte. Ich wollte sie nicht auch noch entmutigen. So verhielt ich mich zu Hause also ruhig und verfluchte mein Schicksal. Nun war mir klar, dass ich zu einem Leben in der Hölle auf Erden bestimmt war und dass es absolut nichts gab, was ich dagegen tun konnte.

Bevor ich mit meiner neuen Arbeit begann, versuchte ich, die Aussicht auf Landarbeit philosophisch zu betrachten. Ich sagte mir, dass Bauern auf der ganzen Welt hart arbeiten. Es ist ein schweres Leben mit vielen zermürbenden Tagen, doch es hat auch eine gewisse Würde. Sogar etwas Edles. Nein. Das ist nicht das richtige Wort. Es hat eine gewisse Erhabenheit. Wenn ich damals, als ich noch zur Grundschule ging, zu einem Arbeitseinsatz auf dem Feld einberufen wurde, hatte ich stets das Gefühl, auf bescheidene Weise einen Beitrag zu einem viel größeren Unterfangen zu leisten. Landwirtschaft bestand aus vielen kleinen Elementen – die allesamt mühselig genug waren, kein Zweifel –, doch ein jedes erforderte ganz eigene Fähigkeiten und eine Art von Weisheit.

Es war ein schöner Gedanke. Sobald ich damit begann, Vollzeit in dem landwirtschaftlichen Betrieb zu arbeiten, fiel mir wieder die nordkoreanische Methode der Landwirtschaft ein, die ich damals in meiner Zeit beim Jugendverband schon erlebt hatte. Sie war erschreckend grob und idiotisch. Wie üblich kläffte die Partei ihre Politik mit einer einfältigen, hysterischen Parole daher: »Pflanzt Reis im ganzen Land! Erntet im ganzen Land!« Beim Gedanken an diese Worte zucke ich noch heute zusammen.

Als Kind habe ich in Japan manchmal Bauern bei der Arbeit zugeschaut. Schon damals fiel mir auf, dass der Anbau von Feldfrüchten ein bisschen wie die Aufzucht von Kindern war. Die Bauern hegten und pflegten ihre Feldfrüchte und behandelten sie mit Liebe und Sorgfalt. In Nordkorea sagten unsere Instruktoren, das japanische System sei hoffnungslos ineffizient. »Unser Land betreibt *Juche*-Landwirtschaft. Man muss das Land zähmen und seiner Herr werden. Das ist der einzige Weg, große Mengen von Feldfrüchten anzubauen!« Bei der *Juche*-Landwirtschaftsmethode wurde der Reisanbau im Wesentlichen wie eine fabrikmäßige Massenproduktion behandelt. Über Jahrhunderte bewährte Reisanbautechniken wurden mit totaler Verachtung bedacht. Wir wurden angewiesen, die Pflanzen enger aneinander zu setzen, mehr zu pflanzen, schneller zu pflanzen und so viel wie möglich zu produzieren. Die Bauern wussten es besser, hatten aber keine andere Wahl, als zu tun, was ihnen gesagt wurde – und keine Motivation zu versuchen, es besser zu machen.

Zu dem Zeitpunkt, als ich mit meiner Arbeit in der Landwirtschaft begann, war all dieser Unsinn schon eine ganze Weile im Gange. Die Parteimitglieder hatten offensichtlich schon begriffen, dass sich die Dinge nicht so gut entwickelten, denn sie hatten Bauernfamilien erlaubt, Gruppen zu bilden und Pachtverträge für kleine Parzellen abzuschließen. Die Überlegung war, damit die Motivation der Bauern zu steigern. Aber sie hatten es wieder einmal vermasselt. Es spielte keine Rolle, wie viel Anstrengung man in seine eigene Parzelle steckte oder wie viele Lebensmittel man damit produzierte, denn die Partei hat sich die Erträge einfach genommen. Unabhängig davon, wie sorgfältig man sich um seine Ernte gekümmert hatte, die jährliche Gesamtzuweisung, die man bekam, blieb unverändert. Wie soll das motivierend wirken?

Derweil herrschten uns die sogenannten Landwirtschaftsexperten weiterhin an, wir sollten unsere Landwirtschaftsmethoden mechanisieren und neue Düngechemikalien einsetzen. Aber für eine Mechanisierung hatten wir keine Ausrüstung. Und Chemikalien gab es auch keine. Wir wurden angewiesen, das Unmögliche zu tun.

Unerträglich war, dass ich nach der Arbeit nicht einmal gleich nach Hause gehen konnte. Bevor ich ging, musste ich immer meine Gesamtproduktion des Tages protokollieren. Und dann musste ich auch noch, egal, wie erschöpft ich war, zweimal pro Woche an einer Art ideologischem Studienkreis teilnehmen. Woche für Woche wurden wir mit den Gedanken von Kim Il-sung, der heldenhaften Geschichte der Partei der Arbeit Koreas oder ernsthaften Analysen einiger lächerlicher Artikel aus der Parteizeitung zugeschüttet. Und nach der Sitzung wurden wir gezwungen, noch für weitere Diskussionen und Darstellungen dazubleiben, die stets auf das Gleiche hinausliefen: die Brillanz von Kim Il-sungs politischer Philosophie. Da saßen wir nun, gaben Interesse an den jüngsten Grübeleien unseres furchtlosen Führers vor, und mussten, hungrig und erschöpft, bis ungefähr 22 Uhr bleiben. Ich nehme an, man könnte es als eine Art Gehirnwäsche bezeichnen, aber um ehrlich zu sein, waren wir alle zu müde, als dass wir dem allzu viel Aufmerksamkeit hätten widmen können. Es war einfach nur noch mehr Propaganda und heiße Luft. Aber wer so töricht war, eine dieser Studiensitzungen zu verpassen, wurde verdächtigt, Dissident zu sein, und unter die Überwachung durch die Geheimpolizei gestellt. Und als ob das alles nicht genügen würde, mussten wir auch noch zweimal im Jahr die zeitraubende Farce eines Trainings bei den Arbeiter-und-Bauern-Rotgardisten ertragen. Alles, worauf es ankam, war letzten Endes, ob unsere Loyalität gegenüber Kim Il-sung glaubhaft wirkte. So wurden wir Meister darin, dies vorzutäuschen. Jeder tat das. Alles andere hätte uns das Leben kosten können.

Überall hörten wir endlos dieses elende Wort *Juche* fallen. »Unsere *Juche*-Landwirtschaftsmethode ... die revolutionäre *Juche*-Herangehensweise an die Produktion ...« Ständig war da ein *Juche*-dies oder *Juche*-das. Jeder nickte, doch niemand schien jemals zu fragen, was das Wort eigentlich zu bedeuten hatte.

Übersetzt werden könnte das Wort auf vielerlei Weise. Es könnte Eigenständigkeit, Autonomie, Unabhängigkeit oder auch Verantwortlichkeit bedeuten – all die Dinge, die wir nicht haben durften. Nach der *Juche*-Philosophie »sind die Menschen die Herren der Welt, damit sie über alles entscheiden können«. Sie behauptete, dass wir die Welt neu organisieren, unser berufliches Fortkommen bestimmen und die Herren unseres Schicksals sein könnten. Das war natürlich lächerlich, aber so ist das unter einem totalitären Regime immer. Die Sprache wird auf den Kopf gestellt. Knechtschaft ist Freiheit. Unterdrückung ist Befreiung. Ein Polizeistaat ist eine demokratische Republik. Und wir waren »die Herren unseres Schicksals«. Und wenn wir darum bettelten, anderer Meinung sein zu können, waren wir tot.

Selbst als die Menschen sowohl in körperlicher wie auch in geistiger Hinsicht mit unglaublicher Not und Entbehrung konfrontiert waren und aufgrund von Nahrungsmittelknappheit dahinsiechten, wurde uns nicht erlaubt, eigenständig zu denken oder irgendeine Initiative zu ergreifen. Die Strafe für Denken war der Tod. Ich kann es Kim Il-sung nie vergessen, dass er uns das Recht zu denken genommen hat.

Nach ein paar Monaten bat ich darum, der »Maschinenabteilung« zugeordnet zu werden, die kurz davor stand, in den Besitz von drei russischen Traktoren zu kommen.

Die Arbeitsstunden von Traktorfahrern zählten doppelt, und so wollte natürlich jeder Traktorfahrer werden. Ich war kaum überrascht, als ich bei meiner ersten Bewerbung auf die üblichen Vorurteile stieß.

»Ist dir klar, dass Traktoren auf den Straßen gefahren werden können?«

»Ähm, ja.«

»Und du weißt, dass Straßen in diesem Land als Militärgeheimnisse klassifiziert sind?«

Was?

Bizarrerweise entsprach dies der Wahrheit. Damals waren alle Eisenbahnlinien, Straßen und Flüsse Militärgeheimnisse. Gab man ihren Verlauf preis, war man in Todesgefahr.

»Kommt es dir nicht in den Sinn, dass jemand wie du keinen Zugang zu diesen Informationen haben sollte?«

Jemand wie ich. Ein angehender japanischer Verräter. Doch ich lehnte es ab, erneut eine Zurückweisung zu akzeptieren, und so schrieb ich dem Volkskomitee im Dorf.

Wie Ihr wisst,

schrieb ich mit aufgesetzter Entrüstung,

habe ich hart gearbeitet, die große sozialistische Zukunft des Vaterlands aufzubauen. Und jetzt möchte ich noch härter arbeiten. Deshalb wünsche ich mir, Traktorfahrer zu sein. Ich weiß, dass Traktoren lange Strecken zurücklegen müssen, und ich kann mir den Weg von einer Fahrt zur nächsten bestimmt nie merken, aber ich werde mein Bestes geben.

Zu meiner Überraschung wurde meine Bewerbung akzeptiert. Ich erhielt ein paar Fahrstunden und bestand die Traktorfahrerprüfung beim ersten Versuch. Endlich schien es aufwärtszugehen.

Um die gleiche Zeit wurde mein Vater plötzlich vom Agrarhof zu einer Art Obstproduktionsgenossenschaft versetzt. Niemand wusste, warum. Doch weiterhin riss er sich den Arsch auf. Das taten wir beide. Aber egal, wie hart wir arbeiteten, es reichte nicht, um unsere Familie zu ernähren. Meine Schwestern gingen noch zur Schule, und ich werde nie vergessen, wie mies wir uns fühlten, ihnen keine gute Versorgung bieten zu können. Ich kann die Hoffnungslosigkeit und die Verzweiflung nicht beschreiben, die ich empfand, wenn ich nach einem langen Arbeitstag unser Haus in Dong Chong-ri betrat und mit ansehen musste, wie sie hungerten. Was auch immer wir taten – es gab einfach nie genug zu essen für alle.

Theoretisch bekam man, sofern man körperlich leistungsfähig war, siebenhundert Gramm Lebensmittel pro Tag. Ältere Menschen und Kranke bekamen dreihundert Gramm pro Tag. Sie haben richtig gehört: War man krank oder alt, wurde man bestraft. Doch in Wirklichkeit war alles noch viel schlimmer. Die Realität hieß: »Keine Arbeit, kein Essen.« So mussten alte Menschen arbeiten, bis sie starben. Und genau das taten sie auch.

Meine Mutter durfte noch immer nicht arbeiten. Nach wie vor ging sie jeden Tag den Berg hinauf, um Pilze und Kräuter zu sammeln. Einiges davon aßen wir, den Rest verkaufte sie dann auf dem Schwarzmarkt. Von Zeit zu Zeit griff die Geheimpolizei durch, weshalb es immer einen Typen gab, der Ausschau hielt. Sobald er »Polizei!« schrie, waren die Markthändler sofort verschwunden. Manchmal gelang es ihnen, die Polizei zu bestechen, damit sie sie gewähren ließ, aber man musste klug sein, denn die Polizei trickste einen bedenkenlos hinterrücks aus.

Wir konnten nur gerade so überleben; wir lebten von der Hand in den Mund. Aber irgendwie dachte ich immer noch, ich könnte auf wundersame Weise eine bessere Arbeit finden. Und zugleich muss ich zugeben, dass mir das Traktorfahren Spaß machte. Wir lebten unter ständiger Überwachung, und das war so erdrückend, dass man kaum atmen konnte. Doch auf dem Traktor war ich auf seltsame Weise frei. Das waren die wenigen Gelegenheiten, bei denen ich ganz in meiner eigenen Welt war und ich die Dinge – unbeobachtet – selbst überblicken konnte. Ich kann gar nicht sagen, welches Vergnügen mir das bereitete.

Die Leute machten sich über mich lustig. »Was um Himmels willen machst du da?«, fragten sie. »Warum arbeitest du so hart?« Sie verstanden nicht, dass dieses Traktorfahren die einzige Freiheit war, die ich hatte, meine einzige Atempause von den Befehlen und Beleidigungen, die Tag für Tag auf uns einprasselten. Also nein, ich war nicht verrückt. Die Arbeit war meine einzige Zuflucht.

Und es machte mir einfach Spaß, diesen Traktor zu fahren.

KAPITEL 3

Es gibt ein Sprichwort: »Auf Traurigkeit folgt Fröhlichkeit.« Meiner Ansicht nach müssen Menschen, die in ihrem Leben gleichermaßen Traurigkeit und Glück erfahren, unglaublich begnadet sein. Manche Menschen führen ein schmerzliches Leben mit nichts als Kummer. Ich muss es wissen.

Im Sommer 1966 wurde ich Traktorfahrer. Kurz danach kam über das Rote Kreuz ein Brief aus Japan an, vom Bruder meiner Mutter. Zu dem Zeitpunkt, als wir ihn erhielten, hatte er Eselsohren und an einigen Stellen war die Tinte verlaufen. Über die Jahre hatte meine Mutter ihren Verwandten mehrere Briefe geschickt, aber sie hatte nie eine Antwort bekommen.

Als schließlich dieser Brief ankam, öffnete ihn meine Mutter mit großer Aufregung. Sie las ihn still und schnell. Doch als sie zur zweiten Seite kam, fiel ihr der Brief aus den Händen und sie brach auf dem Boden zusammen.

»Mama! Was ist los? Was ist passiert?«, fragte ich und rannte zu ihr hin. Ich hob den Brief auf und sah, dass er die Nachricht vom Tod ihrer Mutter enthielt:

Deine Mutter rief deinen Namen, bis sie starb.

Ich erinnerte mich an die letzten Worte, die meine Großmutter an mich gerichtet hatte. »Du bist Japaner«, hatte sie gesagt. Ich weiß noch, wie traurig ihre Augen geblickt hatten. Sie kannte sich mit der Geschichte aus. Sie begriff, was für schreckliche Dinge unter der Kolonialherrschaft vor sich gegangen waren. Ich wusste, dass meine Großmutter verzweifelt versucht hatte, meiner Mutter ihren Plan, Japan zu verlassen, auszureden, doch ohne Erfolg. Ich weiß auch noch, wie ich mich am Bahnhof Shinagawa suchend nach ihr umschaute – aber sie war nicht gekommen, um uns zu verabschieden.

Nach dem Tod meiner Großmutter entwickelten sich im Gesicht meiner Mutter schnell tiefe Falten. Mit einem Mal wirkte sie wie stark verwittert, ausgelaugter und gebrechlicher. Das waren keine Altersfalten; es waren Falten des Schmerzes. Ich wollte ihr das Leben erleichtern, aber ich wusste überhaupt nicht, wie ich das anstellen sollte. Welche Anstrengungen ich auch unternahm, unsere Nahrungsmittelzuteilung blieb dieselbe.

Und schon bald kam noch mehr Elend hinzu.

An einem schönen, sonnigen Tag zu Beginn des Frühlings 1968 rumpelte ein Lastwagen in unser Dorf. Dann noch einer und noch einer. Plötzlich raste eine Militäreinheit in unser Dorf und kam zum Stehen. Einer der Militärs, der der Anführer zu sein schien, befahl uns, uns zu versammeln. Er musterte uns skeptisch und erklärte: »Dieses Dorf wird uns von nun an als Garnison dienen.«

Dann ging er davon.

Garnison? Garnison wird normalerweise ein befestigter Ort genannt, an dem Soldaten untergebracht werden, wenn sie irgendwo stationiert werden, um ein Gebiet zu schützen. Aber wogegen wurden wir beschützt? Stand uns eine Invasion bevor? Wir wussten noch nicht einmal den Namen der Militäreinheit.

Der Dorfvorsteher eilte auf uns zu und erklärte uns, dass diese Soldaten unter dem direkten Kommando von Kim Chan-bon standen. Das war alles, was wir an Erklärung erhielten. Die Soldaten waren da, unser Gebiet vor Gott weiß was für Gott weiß wie lange zu beschützen.

Bald bekam ich heraus, dass dieser Kim Chan-bon und Kim Il-sung einst Waffenbrüder gewesen waren. Kim Chan-bon war in der Partei zu einer mächtigen Figur geworden und Urheber einiger wichtiger militärischer Innovationen. Alle um mich herum hielten sich daran fest, aber es erklärte freilich noch nicht, was er mit seiner fidelen Schar von Männern in unserem Dorf zu suchen hatte.

Ein paar Tage vergingen. Alle saßen auf glühenden Kohlen, in der Luft lag eine Spannung, als stünde sie unter Strom. Alle waren auf der Hut und wählten ihre Worte sorgfältig. Eines Morgens, ich war gerade dabei, zur Arbeit zu gehen, erblickte ich zwei Soldaten, die sich unserem Haus näherten.

Sofort sagte ich meiner Mutter und meinen Schwestern, sie sollten sich drinnen verstecken, dann blockierte ich die Eingangstür und stellte mich ihnen entgegen. Ein furchterregend aussehender Soldat kam auf mich zu.

»Packt eure Sachen zusammen und macht, dass ihr sofort von hier verschwindet!«, sagte er.

»Warum? Könnten Sie mir das bitte erklären?«, fragte ich.

Mein Herz pochte und mein Blut kochte, doch ich versuchte, ruhig zu wirken.

»Warum?«, bellte er. »Du fragst mich, warum? Das hat natürlich mit deinem *songbun* zu tun. Sicher weißt du, dass du ein »Feindseliger« bist, das Allerletzte. Und jetzt hau ab!«

Und damit wandte er sich um und stapfte mit dem anderen Soldaten, der dabeigestanden hatte, davon. Damit waren sie einfach verschwunden.

Wir waren nicht allein. Einige andere Familien wurden ebenfalls aufgefordert zu gehen. Nach dem, was uns befohlen wurde, sollten wir in ein Dorf namens Pyungyang-ri umziehen, das einige Kilometer entfernt lag. Also packten wir unsere bescheidene Habe zusammen und machten uns auf den Weg. Als wir dort ankamen, war für uns kein Haus vorgesehen. Wir fanden Unterkunft in einem leer stehenden Haus, das für einen Landarbeiter gebaut worden war. Wir hatten keine Ahnung, was mit ihm geschehen war; vermutlich war er zusammengebrochen und an Erschöpfung und Verzweiflung gestorben.

Glücklicherweise konnte ich meine Arbeit als Traktorfahrer fortsetzen. Mein Vater und meine Schwestern begannen, für das örtliche Landwirtschaftsteam zu arbeiten. Und meine Mutter? Sie ging weiterhin wie zuvor in die Berge, um nach essbaren Kräutern zu suchen.

Einige Mitglieder der Militäreinheit von Kim Chan-bon kamen auch in unser neues Dorf. Ihr Verhalten war geradezu kriminell. Sie stahlen Tiere, die die Arbeiter mühsam aufgezogen hatten, töteten und aßen sie. Sie stahlen Mais und Kartoffeln aus dem Lebensmittellager des Dorfes. Sie plünderten die Fabrik für landwirtschaftliche Geräte und machten sich mit Motoren und Sägeanlagen auf ihren Lastwagen davon. Sie verführten junge Frauen, indem sie ihnen versprachen, sie zu heiraten, natürlich ohne die Absicht, dies wirklich zu tun. Wir alle verabscheuten und verachteten sie.

Die Parteioberen in Pyungyang-ri und in unserem alten Dorf verschwanden. Kim Chan-bons Jungs hatten nun alles unter Kontrolle. Es wurde so schlimm, dass wir uns selbst am helllichten Tag nicht mehr trauten, nach draußen zu gehen. Soldaten zettelten ohne jeden Grund Schlägereien mit Leuten an und schlugen sie übel zusammen.

Unser baufälliges Haus hielt Regen weitgehend ab, aber ständig fegte der Wind hindurch. Zu dieser Jahreszeit gab es immer noch Schnee und nachts fiel die Temperatur deutlich unter null. Die ganze Nacht über unterhielten wir ein Feuer im Ofen. Und so waren wir froh um den Wind, denn der sorgte dafür, dass wir uns keine Gedanken wegen Kohlenmonoxidvergiftung machen mussten.

Eine Matratze war nirgendwo aufzutreiben, also kauerten wir sechs uns einfach um den Ofen herum zusammen. Zuerst wärmten wir unsere Rücken; dann wärmten wir unsere Bäuche und drehten und wendeten uns die ganze Nacht über immer wieder. Gelegentlich schliefen wir für kurze Zeit tatsächlich ein. Weil wir die ganze Nacht über ständig unsere Positionen veränderten, stießen mein Vater und ich oft mit den Köpfen aneinander. Manchmal brachen wir dann wie zwei ausgerastete Irre in Gelächter aus. Wenn man lange genug leidet, wird es fast lustig, und dann findet man sich in den miserabelsten Situationen lachend wieder. Ich vermute, es ist eine Art Hysterie.

Einmal wachte ich mitten in der Nacht auf und stellte fest, dass Masako, meine jüngste Schwester, nicht mehr da war. Ich geriet in Panik und rannte aus dem Haus. Ich sah ihre Fußspuren im Schnee und folgte ihnen den ganzen Weg zurück bis in unser altes Dorf. Da stand sie nun tatsächlich vor unserem alten Haus und schluchzte und weinte.

Als sie mich sah, sagte sie: »Das ist unser Haus! Ich will hier nicht weg!«

Ich hob sie auf meinen Rücken und stapfte im Mondlicht los nach Pyungyang-ri. Der Schnee glitzerte und funkelte und verdeckte so die Trostlosigkeit der ganzen Szene vor meinen Augen. Die Kälte drang durch meine zerschlissene Kleidung, aber Masakos Gewicht hielt mich warm. Ihr langes Weinen hatte sie völlig ermüdet, und so schlief sie bald schon auf meinem Rücken ein. Ich glaube nicht, dass ich mich ihr jemals so nahe gefühlt habe wie in jener Nacht. Ihre Verzweiflung, ihre Angst, ihre Erschöpfung – das alles sickerte durch ihre dünne Kleidung hindurch und direkt in mein Herz hinein.

Kim Chan-bons Schlägertypen unterdrückten uns nach wie vor und behandelten alle Dorfbewohner wie ihre persönlichen Sklaven. Wir mussten ihnen das Essen servieren, das sie verlangten – und natürlich war es nie genug. Immer wieder stellten sie dieselben absurden Behauptungen auf: »Wir kämpfen für unser Land! Wir brauchen mehr!«

Ich wollte entgegnen: »Kämpfen? Welchen Kampf denn? Es gibt keinen Kampf. Wovon redet ihr? Alles, was ihr tut, ist Elend und Verzweiflung verbreiten und anständige, hart arbeitende Menschen terrorisieren. Und wie viel, glaubt ihr, kriegen *wir* zu essen? Die Leute, die das Essen tatsächlich produzieren, während ihr herumlauft und Leute verprügelt?«

Aber natürlich habe ich geschwiegen. Hätte ich freiheraus gesprochen, hätten sie mich umgebracht.

Doch in diesen grässlichsten Zeiten verliebte ich mich erstaunlicherweise mit einem Mal. Ihr Name war Rim Su-yon. Sie war neunzehn und sie war die hübscheste junge Frau, die ich je gesehen hatte. Ich lernte sie auf dem Bauernhof kennen, auf dem sie sich um die Kaninchen kümmerte, die dort aufgezogen wurden. Auf meiner Tour mit dem Traktor lieferte ich dort gewöhnlich Gras aus. Solche Gefühle hatte ich bislang noch für keinen Menschen empfunden, und ich wusste nicht, was ich tun sollte. Jedes Mal wenn ich mit ihr ins Gespräch kommen wollte, brachte ich keinen Ton heraus. So vermied ich es, überhaupt mit ihr zu reden. Aber ich dachte ständig an sie.

Eines Tages, als ich gerade dabei war, das Gras abzuladen, kam sie auf mich zu und bot mir ihre Hilfe an. Wir arbeiteten in völliger Stille. Am nächsten Tag kam sie wieder und half mir erneut – und am Tag danach auch. Eines Tages brach sie schließlich das Schweigen und fragte mich, ob ich bei einem anstehenden Fußballturnier mitmachen würde. Ich sagte ihr, das sei mir nicht möglich, weil ich kein einziges Paar Shorts besäße. Als ich sie das nächste Mal sah, gab sie mir ein Paar Shorts, die sie aus weißem Nylon gefertigt hatte. Ich wandte mich ihr zu und platzte damit heraus: »Ich liebe dich – willst du mich heiraten?« Ein toller Anmachspruch.

Schüchtern schaute sie mich an. »Könntest du meine Mutter um ihr Einverständnis bitten?«, fragte sie. Jetzt wusste ich, dass sie mich ebenfalls mochte. Ich spürte, wie mein Herz vor Hoffnung anschwoll.

Am nächsten Tag nahm ich meinen ganzen Mut zusammen und ging zu ihrem Haus. Ihr Vater war vor langer Zeit gestorben, also erklärte ich Su-yons Mutter, dass ich sie heiraten wolle. Man muss ihr lassen, dass sie mich nicht unterbrach und mir auch nicht das Wort abschnitt, sondern mich mit großer Sanftmut ausreden ließ.

Su-yon stand neben ihr und hing an meinen Lippen. Ich sehe sie heute noch da stehen. Sie errötete und auch ihre Ohren waren gerötet.

Einen Moment lang blieb ihre Mutter still und blickte ernst. Mein Herz raste und schlug so schnell, dass ich das Gefühl hatte, es würde ohne mich davongaloppieren.

»Es tut mir leid, das sagen zu müssen ... Ein japanischer Ehemann für meine Tochter ... Also ich fürchte, das wäre nicht vertretbar.« Sie blickte, als fühlte sie sich für ihre Entscheidung schuldig. Ich spürte, dass sie nach einer Erklärung suchte, die mich irgendwie beschwichtigen würde.

»Weißt du, die Sache ist ... Na ja, ich bin sicher, du bist ein vollkommen aufrichtiger junger Mann ... Ich meine, ich weiß, dass du das bist. Aber die Sache ist die ... Würde meine Tochter einen Rückkehrer heiraten, also dann wären auch wir in einer gefährlichen Situation. Verstehst du?«

Ich ballte meine Fäuste, bis sie weiß wurden. Ich schaute Su-yon an. Sie war ganz blass geworden.

Ich weiß nicht mehr genau, was ich danach tat. Ich muss beschämt davongelaufen sein. Aber ich erinnere mich noch, welche Gedanken mir durch den Kopf ratterten.

Was hast du dir bloß dabei gedacht? Ein Mann, dessen Lebensqualität nicht besser ist als die eines Bettlers! Wer, der bei klarem Verstand ist, würde mich denn heiraten? Es war lächerlich zu glauben, Su-yons Mutter würde je ihre Zustimmung geben.

Als ich Su-yon beim nächsten Mal auf dem Bauernhof sah, wollte ich weglaufen und mich verstecken. Aber sie nahm mich in den Arm und flüsterte: »Es tut mir leid. Nimm mich irgendwohin mit und lass uns gemeinsam verschwinden.« Wie gern wäre ich mit ihr davongelaufen, um diese Fantasie auszuleben – aber wo hätten wir denn hingehen sollen? Und was wäre dann mit meiner armen Mutter und meinen Schwestern? Ich hätte sie nie im Stich lassen können; es war so unmöglich wie mein Traum, meine Lage selbst verbessern oder auf die Hochschule gehen zu können. Kurz danach hörte ich, dass Su-yon ein hohes Tier in Pjöngjang geheiratet hatte. Ich beschloss, mich nie wieder in irgendjemanden zu verlieben.

Ein Jahr später verschwanden Kim Chan-bon und seine Kumpane mit einem Mal. Die offiziellen Details kannte ich nicht, aber im Dorf ging das Gerücht, seine Einheit sei aufgelöst worden. Massenmedien gab es damals keine, also kamen alle Nachrichten über Mundpropaganda, aber Gerüchte waren meist einigermaßen zuverlässig. Schließlich stellte sich heraus, dass Kim Chan-bon von Kim Il-sung abgesetzt worden war.

Es war die übliche Geschichte: Eine Zeit lang war Kim Chan-bon der Augapfel des Großen Führers gewesen. Kim Chan-bon konnte nichts falsch machen. Aber er gab sich richtig Mühe, das Militär zu modernisieren und besser zu organisieren. Und das sollte seinen Niedergang bedeuten. Diese Bemühungen ermöglichten es ihm, sich innerhalb des Militärs eine eigene Machtbasis aufzubauen und seine eigenen Initiativen durchzusetzen. Es dauerte nicht lange, da hatte Kim Chan-bon Macht über einen ganzen Landstrich Nordkoreas angehäuft und sich damit praktisch seine eigene autonome Region geschaffen. Kim Il-sung sah dies offensichtlich als eine Herausforderung und eine Bedrohung an. Also wurde Kim Chan-bon beseitigt.

Sofort kehrten wir nach Dong Chong-ri zurück. Glücklicherweise stand unser Haus noch. Als wir ankamen, holten wir Wasser aus dem Brunnen, kochten es ab und prosteten uns damit zu. Während wir den Trank auf unser Wohl hinunterschluckten, schaute ich meinen Eltern in die runzligen Gesichter. Mein Vater war fünfundfünfzig; meine Mutter war vierundvierzig und hatte nur noch acht Zähne. Worauf um alles in der Welt stießen wir an? Auf eine bessere Zukunft? Auf eine Rückkehr in die Vergangenheit? Ich weiß es nicht. Ich vermute, wir waren einfach überglücklich, dass dieser Albtraum Kim Chan-bon nun hinter uns lag.

»Ich möchte eine mit süßen roten Bohnen gefüllte Reiskugel essen«, sagte meine Mutter, nachdem wir uns zugeprostet hatten.

Mein Vater schien sprachlos zu sein, denn meine Mutter verlangte nie nach etwas. Ihm war klar, dass es unmöglich war, selbst einen so bescheidenen Wunsch zu erfüllen. Rote Bohnen kosteten genauso viel wie Reis und Zucker war sogar noch teurer. Auf dem Schwarzmarkt kostete ein Sack Zucker hundert Won, für uns eine lächerlich große Summe.

»Mach dir keine Gedanken!«, sagte sie, weil sie wusste, was er wohl dachte. »Überleg doch mal, ich könnte gar keine Reiskugel essen, selbst wenn ich es versuchen würde. Ich habe nicht genügend Zähne. Die Zeiten, in denen ich Reiskugeln essen konnte, sind vorbei.«

Und dann lachte sie einfach.

Seit Ewigkeiten hatte ich sie nicht mehr lachen gehört. Es war ansteckend. Wir alle fingen an, gemeinsam zu lachen – bis uns die Tränen in die Augen schossen.

Nachdem Kim Chan-bons Einheit aufgelöst worden war, vergingen drei ereignislose Jahre. Natürlich schlugen wir uns immer noch mit dem Elend der Armut herum. Doch letztendlich war unser Leben friedlich. Das einzige erwähnenswerte Ereignis jener Zeit war, dass meine Schwester Eiko einen Heiratsantrag von einem Mann namens Kan Ki-son erhielt, der ursprünglich aus Kobe stammte. Sein Vater litt an Krebs im Endstadium, und so wollte er heiraten, noch bevor sein alter Herr starb. Seine Familie war – untypisch für Rückkehrer – wohlhabend, deshalb dachte mein Vater, dass seine Familie und unsere Familie nicht zusammenpassen würden. Höflich lehnte er den Antrag ab. Dennoch kam nun auch Kans Mutter bei uns vorbei, um sich für die Angelegenheit einzusetzen. »Ich möchte, dass eure Tochter meine Schwiegertochter wird«, sagte sie. Obgleich sie uns mehrere Male aufsuchte, um ihre Bitte vorzubringen, sperrte sich mein Vater weiterhin dagegen.

Anfang 1972 tauchte eines Tages ein Mann mittleren Alters vor unserem Haus auf. Zuerst dachte ich, es sei einer von Kans Verwandten. Nachdem ich jedoch genauer hingeschaut hatte, war ich echt überrascht: Es war niemand anderes als Young Seok-pong, ein alter Freund meines Vaters, der damals in Japan ein Mitglied der Allgemeinen Vereinigung der Koreaner gewesen war.

Er ließ die Tasche fallen, die er bei sich trug, und schlang seine Arme um die Schultern meines Vaters.

»Wie ist es euch denn so ergangen? Ihr seid aber ganz schön groß geworden!«, sagte Young zu uns. Meine Mutter bat ihn herein.

Dann öffnete er seine Tasche. Er übergab mir eine Uhr und für meine Schwestern holte er ein paar Schals hervor. Ich traute meinen Augen nicht. Japanische Uhren waren eine begehrte Seltenheit. Jeder sehnte sich danach, eine zu ergattern. Dann griff er erneut in seine Tasche und zog eine Flasche Alkohol für meinen Vater hervor. Aber das war noch nicht alles. Er hatte Medizin mitgebracht, Zucker und verschiedene andere wertvolle Waren und reihte sie auf dem Tisch auf. Meine Mutter brach in Tränen aus.

Er und mein Vater tranken zusammen bis weit in die Nacht. Ich konnte hören, wie sie sich mit gedämpften Stimmen unterhielten.

»Schau mich an!«, sagte mein Vater. »Ich wurde ›Tiger‹ genannt, aber jetzt bin ich dank der verdammten Liga der Koreaner in Japan ein Wrack von einem Mann. Diese betrügerischen Bastarde!«

»Hey, sei vorsichtig!«, sagte Young und schaute sich dabei im Zimmer um. »Du weißt ja, Wände haben Ohren! Du musst dich in Acht nehmen!«

Mein Vater sagte nichts, nickte aber.

»Wie auch immer«, fuhr Young fort, »schauen wir mal, wie wir von nun an einander helfen können. Ich nehme an, ihr habt eine Menge Schwierigkeiten durchgemacht.«

Er war Vizevorsitzender des Parteikomitees in irgendeiner Stadt und ein viel beschäftigter Mann, doch nach jenem Abend bekam er es hin, uns von Zeit zu Zeit zu besuchen. Sobald er von dem Heiratsantrag an Eiko hörte, stattete er Kan einen Besuch ab. »Er ist ein guter Mann. Nett und freundlich. Mach dir keine Gedanken über das Thema Geld«, sagte er zu Eiko. Und er empfahl meinem Vater, seine Haltung zu überdenken. Letztendlich war Kan auch ein Rückkehrer.

Damit war die Sache erledigt. Sie legten ein Datum für die Hochzeit zwei Monate später fest. Traurigerweise konnten wir ihr keine neuen Klei-

der besorgen und nicht einmal eine Futonmatratze für sie kaufen. Kans Mutter erklärte uns, wenn sie nur heiraten dürfe, dann genüge das. Es sei nicht nötig, dass sie irgendeine Mitgift mitbringe.
Doch Young gab meiner Mutter etwas Geld. »Hier. Mach sie damit hübsch«, sagte er.

Ich war sehr beeindruckt. Sogar bewegt. Seine Zuvorkommenheit war wie eine Prise frischer Luft. In unserem Alltagsleben erlebten oder verspürten wir selten irgendeine echte Menschlichkeit oder Wärme. Jeder dachte stets nur an sich selbst – wie er vorankam, man gab vor, sich für die Partei zu interessieren, hielt sich selbst den Rücken frei, balgte sich um Lebensmittel und benutzte Zigaretten und Alkohol, um mit Leuten zusammenzukommen, die Macht hatten. Offen gesagt, das war der einzige Weg zu überleben. Das System hatte sie völlig entmenschlicht. Uns. Das Traurige war, dass ich selbst anfing, genauso zu denken. Doch Youngs Verhalten erinnerte mich daran, was es hieß, ein Mensch zu sein. Und ich habe erkannt, dass man sich, so schwierig die Realität auch sein mag, nicht geschlagen geben darf. Man muss einen festen Willen bewahren. Man muss dem, was man in seinem tiefsten Innern für richtig hält, folgen.

Eines Tages erschien Herr Young vor unserem Haus und war völlig zerzaust. Normalerweise war er sehr penibel, doch an diesem Tag sahen seine Haare strubbelig aus und seine Augen waren blutunterlaufen. Am Schlimmsten war, dass er zu Tode verängstigt schien. Er rief den Namen meines Vaters, dann ergriff er eine Weile lang still seine Hände. Schließlich redete er wie verrückt drauflos.

Er erklärte, dass er ein Neujahrsfest besucht hatte. Auf dem Fest waren ein paar hohe Tiere der Partei anwesend und dem armen Young war etwas herausgerutscht. Offenbar hatte er, nachdem er nach Nordkorea umgesiedelt war, Briefe an einen Mann namens Ham Do-kusu geschrieben, der Vorsitzender der Liga der Koreaner in Japan war. Er kannte Ham schon seit Jahren, bekam jedoch nie eine Antwort. Natürlich ärgerte ihn Hams Gebaren.

Dummerweise brachte Young dies auf dem Fest zur Sprache. Er sagte etwas im Sinne von: »Do-kusu wurde nur deshalb Vorsitzender, weil ihm jeder geholfen und ihn unterstützt hat. Aber er weiß es nicht zu würdigen, was all die Leute für ihn getan haben. Nun ist er viel zu hochherrschaftlich, um Leuten wie mir Antwortschreiben zu schicken. Was für ein Snob!«

Das stellte sich als ein fataler Fehler heraus. Am nächsten Tag wurde Young seines Parteipostens entbunden. Ham Do-kusu zu kritisieren bedeutete Kim Il-sung persönlich zu kritisieren.

Young sah ein wenig ruhiger aus, nachdem er mit meinem Vater geredet hatte.

»Lass uns stark bleiben, ja? Die Zukunft wird besser sein. Ich weiß, dass es so sein wird. Du wirst sehen«, sagte mein Vater. Ich vermute, ihm fiel nichts Besseres dazu ein.

Young nickte leicht. »Werde glücklich!«, sagte er zu Eiko. Dann verbeugte er sich vor uns und ging.

Ein paar Tage nach Eikos Hochzeit erfuhren wir, dass Young sich erhängt hatte. In seinem Abschiedsbrief schrieb er:

Ich habe mein Gesicht so sehr verloren, ich kann nicht länger leben.

Und so endete das Leben eines freundlichen und anständigen Mannes.

Als mein Vater sich auf den Weg machte, um dem Toten seine Aufwartung zu machen, hatte die Geheimpolizei die Leiche schon beseitigt.

Ein paar Tage später beging auch seine Frau Selbstmord.

Ich weiß nicht, wie viele Rückkehrer solche Tragödien erlebt haben. Ich schätze, es gab unzählige Geschichten wie diese. Manche wurden in Konzentrationslager geschickt. Andere wurden eliminiert oder hingerichtet. So viele Leben wurden verschwendet.

Als meine Schwester Hifumi das »heiratsfähige Alter«, wie es hieß, erreicht hatte, half ihr ein anderer freundlicher Mann, Lee Song-rak, einen

Ehemann zu finden. Lee war in Japan für die Öffentlichkeitsarbeit der Liga der Koreaner zuständig gewesen und hatte Übertragungstechnik aus Japan mitgebracht, als er nach Nordkorea übersiedelte. Er tat sehr viel für die Partei und wurde für seine Bemühungen öffentlich anerkannt und bewundert. Zudem war er ein warmherziger Mensch. Als er erfuhr, dass Hifumi heiratsfähig war, kontaktierte er einen Rückkehrer, der in Wonsan lebte. Wenig später heiratete meine Schwester ihn.

Ich mochte Hifumis neuen Ehemann überhaupt nicht. Ich fand ihn faul und nahm es ihm übel, dass er ständig zu uns kam, um nach Lebensmitteln für seine Eltern zu fragen, wo wir selbst doch kaum genug zum Überleben hatten. Meine Mutter war besorgt, dass er Hifumi grausam behandeln könnte, wenn sie es ablehnte. So bat sie die Dorfbewohner, uns mit Lebensmitteln auszuhelfen. Ich konnte es nicht ertragen, dass sie um seinetwillen bettelte. Irgendwann konnten wir es nicht mehr aufrechterhalten, und die beiden zogen schließlich um nach Pujon.

Mittlerweile war Lee einer Fabrik für Übertragungstechnik in Sinanju zugeteilt worden. Dann wurde er eines Tages als Verräter denunziert, weil er eine aus Südkorea stammende Frau geheiratet hatte. Der wahre Grund hatte natürlich nichts mit seiner Frau zu tun – sie wussten die ganze Zeit schon über sie Bescheid; es lag einfach daran, dass er in seiner neuen Stellung versucht hatte, Verbesserungen einzuführen. Lee wurde zur *persona non grata* erklärt und seines Postens enthoben. Einfach so wurde er zur Unperson. Später hörte ich, dass seine Familie auseinanderbrach und er zu einem Landstreicher wurde, der am Bahnhof von Sinanju herumlungerte.

Einer nach dem anderen verschwanden die Freunde meines Vaters. Kim Uu-yon gehörte ebenfalls zu denen, die ein trauriges Ende fanden. Er war ein Rückkehrer, der damals in Japan in Kawasaki eine Wäscherei betrieben hatte. Wie mein Vater war er mit einer japanischen Frau verheiratet. In Nordkorea wurde Kim Busfahrer. Eines Tages, während einer Pause, fing er an, seinen Kollegen von seinem Leben in Japan zu erzählen.

Ein paar Tage später wurden er und seine Frau von der Geheimpolizei abgeholt und in das Konzentrationslager Yodok gebracht, ein berüchtigtes Drecksloch. Nach zehn Jahren – einer Ewigkeit an einem solchen Ort – wurde seine Frau freigelassen und kam, um in der Nähe unseres Hauses zu wohnen. Einst war sie ein fröhlicher Mensch gewesen, doch nun war sie wie völlig betäubt und leer. Ihr Gesicht war ausdruckslos, ihre Stimme bar jeden Gefühls. Sie vermied um jeden Preis den Kontakt zu anderen Menschen. Sie war eine weitere Unperson geworden, die nun unter uns lebte.

Eines Tages tauchte sie bei uns zu Hause auf und brachte ihren Sohn mit. Wir waren verblüfft, denn sie tat doch alles, um Kontakt zu anderen Leuten zu vermeiden. Es stellte sich heraus, dass ihr Sohn schwer krank war. Ich schleppte ihn auf meinem Rücken zur Dorfklinik.

»Seine Zunge ist vereitert und er konnte schon seit drei Tagen nichts mehr essen. Könnten Sie ihm eine Penicillin-G-Spritze geben?«, fragte ich den Arzt.

Ich wusste nicht, ob Penicillin helfen würde, aber in Nordkorea war es das einzige Antibiotikum, das es gab. Ich dachte, es sei wahrscheinlich seine einzige Chance zu überleben.

»Was? Du erwartest von mir, dass ich ihn kostenlos behandele? Unverschämter Kerl! Warum sollte ich wertvolle Medizin für ihn verschwenden? Bezahl erst mal was, oder bring mir wenigstens ein paar Heilkräuter! Dann reden wir weiter.«

Die medizinische Versorgung ist in Nordkorea angeblich kostenlos, aber in Wirklichkeit ist sie das ganz und gar nicht. Arme Leute werden ohne irgendeine Art der Bezahlung nicht behandelt. Wenn man kein Geld hat, sollte man Alkohol mitbringen. Oder ein paar Zigaretten. Oder ein wenig chinesische Medizin. Oder man sollte es vergessen.

An der Wand der Klinik, hinter dem Arzt, bemerkte ich ein eingerahmtes Zitat. Es lautete: »Medizin ist eine wohltätige Kunst. Ein Arzt muss ein besserer Kommunist sein als jeder andere.« Das waren die Worte von Kim Il-sung.

Plötzlich glühte ich vor Zorn. Und irgendetwas in mir zerbrach.

»Wen behandeln Sie eigentlich? Überhaupt niemanden?«, schrie ich.

Und ich begann ihn zu schlagen. Es war, als wäre ein Damm in mir gebrochen. All der Frust der Jahre des Elends und der Hoffnungslosigkeit brach aus mir hervor. Plötzlich saß ich auf ihm und drosch mit meinen Fäusten auf ihn ein. Doch nicht einmal das war genug. Meine Wut kochte über. Ich rannte zurück, nach Hause, um ein Messer zu holen. Ich wollte den Kerl wirklich töten. Ein Arzt, der Menschen nicht half, war schlimmer als nutzlos – er war eine Verspottung von allem, wofür er stand. Als ich zurück zur Klinik kam, standen im Flur mehrere Polizeibeamte. Ich überlegte, sie auch zu töten. Doch plötzlich tauchte aus dem Nichts mein Vater auf und riss mir das Messer aus der Hand.

Er sagte mir, ich solle rausgehen. Mit einem Mal stürzte die Realität dessen, was ich vorhatte, auf mich ein. Ich rannte nach Hause.

Mein Vater blieb eine Zeit lang in der Klinik und kam dann nach Hause. Drei Tage später musste er sich noch mal auf der Polizeistation melden, aber wieder kam er unbeschadet zurück. Ich habe keine Ahnung, was da passiert ist. Er hat es mir nie erzählt. Aber es muss etwas Gutes gewesen sein, denn ich wurde nicht festgenommen und die Sache hatte keine weiteren Konsequenzen.

Eigentlich hasste ich Gewalt, vor allem, seit ich als Kind hatte miterleben müssen, wie mein Vater meine Mutter brutal verprügelte. Doch nach der Konfrontation mit dem Arzt änderte sich meine Haltung. Gewalt schien mir langsam die einzige Antwort zu sein. Ich fühlte mich so hilflos, wenn ich dastand und dabei zuschauen musste, wie gute Menschen ausgeschlossen, verbannt und zerstört wurden. Meine Mutter riet mir allerdings, mein Temperament zu zügeln. Sonst würde auch ich verschwinden.

In den 1970er-Jahren tauchte ein neuer Slogan auf: »Geschwindigkeitsstrategie!« Daraus entstand neues bedeutungsloses, bis zum Erbrechen wiederholtes Gelaber bei unseren Studientreffen. Zudem mussten wir die

Zehn Gebote Kim Il-sungs auswendig lernen und sie dann endlos wiederholen, bis sie für alle Zeiten in unsere Hirne gemeißelt waren. Am Ende hatte ich das Gefühl, als wäre mein eigener Geist davon vollständig in Beschlag genommen.

Bis heute kann ich diese Gebote auswendig. Natürlich kann ich das. Könnte ich das nicht, wäre ich schon lange tot. Hier sind sie:

1. Du sollst im Kampf für die Vereinigung der gesamten Gesellschaft mittels des revolutionären Gedankenguts des Großen Führers Genosse Kim Il-sung alles geben.
2. Du sollst den Großen Führer Genosse Kim Il-sung mit all deiner Loyalität ehren.
3. Du sollst die Autorität des Großen Führers Genosse Kim Il-sung unanfechtbar machen.
4. Du sollst das revolutionäre Gedankengut des Großen Führers Genosse Kim Il-sung zu deinem Glauben und seine Anweisungen zu deinem Glaubensbekenntnis machen.
5. Du sollst dich bei der Ausführung der Anweisungen des Großen Führers Genosse Kim Il-sung strikt an das Prinzip des bedingungslosen Gehorsams halten.
6. Du sollst das Gedankengut und die Willenskraft und die revolutionäre Einheit der gesamten Partei stärken, in deren Mittelpunkt der Große Führer Genosse Kim Il-sung steht.
7. Du sollst vom Großen Führer Genosse Kim Il-sung lernen und den kommunistischen Blick, revolutionäre Arbeitsmethoden und einen volksnahen Arbeitsstil annehmen.
8. Du sollst das politische Leben, das dir vom Großen Führer Genosse Kim Il-sung geschenkt wurde, wertschätzen und sein großes Vertrauen und seine Zuvorkommenheit mit gesteigertem politischen Bewusstsein und Geschick loyal vergelten.

9. Du sollst strenge organisatorische Regeln aufstellen, sodass die gesamte Partei, die Nation und das Militär sich als eine Einheit unter der einen und einzigen Führung des Großen Führers Genosse Kim Il-sung voranbewegen.
10. Du sollst die große Errungenschaft der Revolution des Großen Führers Genosse Kim Il-sung von Generation zu Generation weitergeben, sie vererben und bis zum Ende erfüllen.

Viel später schaute ich mir mal die Zehn Gebote der Abrahamitischen Religionen an. Wissen Sie, wie viele von ihnen einen Hinweis auf Gott enthalten? Ungefähr fünf. Es sieht also so aus, als könnte Gott noch ein, zwei Dinge vom Großen Führer Genosse Kim Il-sung lernen, Friede sei mit ihm.

In praktischer Hinsicht bedeutete die neue »Geschwindigkeitsstrategie«, dass wir, wo auch immer ein Stück Boden war, landwirtschaftliche Betriebe schaffen und Berge in Terrassenfelder verwandeln sollten. Um dieses Ziel zu erreichen, waren mehr Arbeiter nötig.

Im Frühling 1970 wurde ich zum Arbeiten auf den Hof einer Bauernkooperative in der Nähe von Chongpyong-ri geschickt. Ich fuhr einen Traktor mit Anhänger, auf dem ich mit drei weiteren Arbeitern auf dem Weg zu unserem Zielort dahinrüttelte.

Als wir bei dem Betrieb ankamen, bestiegen wir einen Militärlastwagen. Nach etwa dreißig Minuten erreichten wir ein tiefes Tal, in dem Soldaten und Landarbeiter am Hang eines Berges bereits schwer am Schuften waren. Wir meldeten unsere Ankunft und bekamen Arbeitshosen ausgehändigt. Das war das allererste neue Paar Hosen, das ich erhielt, seit ich nach Nordkorea gekommen war.

Ich zog meine schäbigen Hosen aus und die neuen an. Ich war beschwingt. Man hätte meinen können, ich hätte in einer Lotterie gewonnen.

Um fünf Uhr am nächsten Morgen ertönte ein Signalhorn, das uns in unserer langg estreckten Hütte, die wie eine Militärbaracke konzipiert war, wecken sollte. Nach dem Appell stellten wir uns in einer Reihe auf und rannten hinunter zum Fluss unten im Tal. Mit Steinen hieben wir Löcher in das Eis des gefrorenen Flusses, tauchten unsere Hände hinein und wuschen unsere Gesichter. Das eisige Wasser schmerzte in meinem Gesicht und machte meine Hände sofort gefühllos. Danach rannten wir zum Armeeposten. Wunder über Wunder – in der Kantine erhielten wir weißen Reis. Seit Ewigkeiten hatte ich keinen weißen Reis mehr gekostet. Tatsächlich rührte der Anblick von weißem Reis einige von uns zu Tränen. Ich wollte die Kantine gar nicht mehr verlassen. Aber wir mussten an die Arbeit.

Unsere Aufgabe war es, die Felsen und Erdhaufen zu beseitigen, die das Militär aus dem Berghang gegraben hatte, denn die Soldaten arbeiteten daran, in der ganzen Gegend Stollen zu bauen. Die Stollen wurden gebaut, um in ihnen Schießpulver- und Munitionsfabriken unterzubringen. Diese Fabriken waren während des Koreakrieges durch amerikanische Luftangriffe zerstört worden, und so machte es Sinn, ihre Nachfolger unterirdisch zu errichten. Die Stromleitungen, auch unterirdisch angelegt, funktionierten jedoch nicht richtig. Die Spannung war zu niedrig, sodass einige Fabriken nicht arbeiten konnten. Es versteht sich von selbst, dass das Wegräumen des Schutts, der bei den Ausschachtungsarbeiten entstand, eine Knochenarbeit war.

Nach ein paar Wochen erhielt ich ein Telegramm von Kan Ki-son, Eikos Ehemann. HOCHZEIT AM 25. KOMM AM 24. NACH HAUSE stand darin. Ich hatte keine Ahnung, um wessen Hochzeit es sich handeln sollte. Dann ging mir durch den Kopf, zu Hause sei vielleicht etwas Fürchterliches passiert, etwas, das nicht offen ausgedrückt werden konnte, und die Nennung der Hochzeit sei vielleicht nur ein Code. Unserer Familie waren so viele Tragödien widerfahren, dass ich immer das Schlimmste annahm.

So kehrte ich also zu meinem Arbeitsplatz in den Sand- und Schutthaufen zurück und erzählte dem verantwortlichen Mann von diesem Telegramm. Gegen den Lärm von Dynamitexplosionen und Bohrmeißeln, die sich in den Fels bohrten, rief er: »Du kannst gehen.« Also düste ich los, sprang auf den Traktor und fuhr, so schnell es mit dem Fahrzeug ging, zurück nach Dong Chong-ri. Während ich fuhr, sann ich über all meine schlimmsten Befürchtungen nach. Obwohl die Arbeit schwierig und die Arbeitsbedingungen hart waren, war ich nicht erleichtert, dass man mich hatte gehen lassen. Immerhin hatte ich dort mein Essen sicher. Und zu meinem Paar neuer Hosen hatte ich auch noch neue Militärstiefel bekommen – seit meiner Ankunft in Nordkorea das erste Schuhwerk, das mir tatsächlich passte.

Als ich zu Hause ankam, waren die Hochzeitsvorbereitungen in vollem Gange. Es gab ein paar Reiskuchen, Fleisch und Fisch, Sake und noch ein paar andere Sachen zum Anbieten. Ich wusste nicht, was eigentlich los war, und so stand ich nur da und ließ alles auf mich wirken. Dann kam Kans Mutter auf mich zu. »Tolle Nachrichten! Es ist dein Hochzeitstag!«, sagte sie.

Man hätte mich mit einer Feder umhauen können. Zu sagen, ich sei überrascht gewesen, beschreibt nicht einmal im Ansatz, wie ich mich fühlte. Ich war wie vor den Kopf geschlagen. Vor Schock gelähmt.

Die Frau, die ich offensichtlich heiraten sollte, hieß Lee He-suku. Ihr Vater war stellvertretender Direktor eines Kraftwerks in der Stadt Hamhung. Sie hatte offenbar furchtbar schlechte Augen und ... na ja, es tut mir ja leid, das zu sagen, aber schön war sie nicht gerade.

»Glaubst du, nur weil ich ein Rückkehrer und sehr arm bin, wäre ich nicht in der Lage, selbst eine Frau für mich zu finden? Hast du deshalb eine für mich ausgesucht?«

Mein Vater saß neben Kans Mutter. Bald erfuhr ich, dass *er* es war, der sie gebeten hatte, eine Frau für mich zu finden. Doch selbst er schien nun zu denken, dass dieses abgekartete Spiel zu grausam war.

Die Wahrheit kam nach und nach ans Licht. Es war He-sukus Stiefmutter, die es mit dieser Hochzeit so eilig hatte. Die Heirat war für diese Frau eine gute Gelegenheit, ihre Stieftochter loszuwerden. Später erfuhr ich, dass diese Frau He-suku noch nie gemocht hatte und sie oft schikanierte und quälte. Davon wusste Kans Mutter gar nichts, und so kann ich ihr eigentlich keine Vorwürfe machen.

Ich wusste einfach nicht, was ich tun sollte. Offen gesagt schien es mir zu problematisch, der ganzen Angelegenheit einfach ein Ende zu setzen. Ich hatte schlicht nicht die Energie, eine Auseinandersetzung loszutreten, und meine Möglichkeiten waren ziemlich begrenzt.

Also zog ich es durch. Ich war 23 Jahre alt.

Ein paar Tage nach der Hochzeit kam mein Vater auf mich zu, als ich gerade das Frühstück vorbereitete.

»Mir wird jetzt klar, dass es ein schwerer Fehler von mir war, Kans Mutter zu bitten, eine Frau für dich zu finden. Du bist mein einziger Sohn, und ich möchte, dass du glücklich bist. Lass dich besser scheiden und finde die richtige Frau.«

»Sie kann nirgendwo hingehen. Die Sache ist jetzt abgehakt. Lass sie bei mir bleiben. Ich werde mich um sie kümmern«, sagte ich.

»Wie du willst. Dann kümmere dich um sie. Aber ich kann sie nicht als meine Schwiegertochter akzeptieren. Und wenn du vorhast, mit ihr zusammenzuleben, musst du für euch woanders eine Wohnung finden.«

Noch mehr Ironie geht nicht.

Ich kann nicht behaupten, dass ich He-suku liebte. Ich kannte sie kaum. Bald fand ich heraus, dass ihre Stiefmutter sie zu Hause in ein Zimmer eingeschlossen hatte, daher hatte sie nie wirklich gelernt, irgendetwas zu tun. Sie konnte nicht kochen und verbrachte viele Stunden mit Tagträumereien. Aber ich konnte mir nicht vorstellen, allein zu leben, schon gar nicht in einer so schwierigen Welt, und sie brauchte unbedingt meine Hilfe. So beschlossen wir, die Sache anzupacken und zusammenzuziehen.

Als ich meine Habe packte, kam meine Mutter zu mir.

»Dein Schicksal ist immer so schwer«, sagte sie mit traurigem Gesichtsausdruck. Ich wusste nicht, was ich sagen sollte. Ich hasste es, sie zu verlassen, doch ich musste meinen Verpflichtungen gegenüber meiner neuen Frau nachkommen.

Ich fand ein altes Ehepaar in Dong Chong-ri, das ein freies Zimmer hatte, und die Leute sagten, wir könnten es nutzen. Natürlich unter gewissen Bedingungen. Wir mussten ihnen einen Teil unserer Lebensmittelrationen abgeben, beim Feuerholzsammeln helfen, einiges an Hausarbeit übernehmen und so weiter. Es dauerte nicht lange und das alte Ehepaar begann mehr zu fordern. Das Schlimmste war, dass das, was sie am liebsten wollten, etwas Wertvolles aus Japan war. Sie konnten nicht verstehen, warum ich als Rückkehrer nichts davon hatte. Aber wir hatten natürlich wirklich nichts, was wir ihnen hätten geben können.

Das erste Jahr war eine große Umstellung. Abgesehen von meiner Arbeit als Landarbeiter musste ich mich nun auch um unsere Hauswirte kümmern. Zudem wurde meine Frau schwanger. Ich war ständig in Sorge, wie ich es nur schaffen sollte, auch noch ein Kind zu versorgen, wo wir doch kaum selbst genug zum Überleben hatten. Doch auf diese Frage gab es keine Antwort. Ich ging einfach weiter zur Arbeit, Tag für Tag, und hoffte auf eine Art Wunder.

Ungefähr ein Jahr nachdem wir geheiratet hatten, kam ich von der Arbeit nach Hause und plötzlich wurde mir schwindelig. Ich legte mich auf den Boden und mit einem Mal blutete ich aus Nase und Ohren. Das Bluten hörte nicht auf und meine Frau geriet in Panik. Langsam verlor ich das Bewusstsein, und so bat ich sie, Hilfe zu holen.

Zwei Tage später wachte ich im Krankenhaus wieder auf. Als ich meine Augen öffnete, sah ich die besorgt dreinblickenden Gesichter meiner Eltern, die mich anschauten. Meine Nase und die Ohren waren mit Verbandsmull zugestopft. Ich schaute mich nach He-suku um, aber sie war nicht da.

»Deine Frau war so schockiert, als sie sah, wie du das Bewusstsein verloren hast, da ist sie offensichtlich – äh – davongelaufen«, sagte mein Vater.

Ich fing an zu weinen.

»Sei stark«, sagte meine Mutter.

Ich hatte keine Zeit, weiter über die Angelegenheit nachzudenken, denn in diesem Moment lenkte mich ein Schmerz ab, der mich durchzuckte. Es hatte sich herausgestellt, dass die Blutungen auf ein lädiertes Blutgefäß zwischen meinen Augen zurückzuführen waren. Der Arzt hatte mir eine Spritze gegeben, um die Blutung zu stillen, aber das nutzte nichts. Schließlich führten sie eine Rolle Baumwollmull bis hinauf zu meinen Augen in die Nase ein und das Bluten hörte auf.

Als ich das Krankenhaus endlich verlassen hatte, kam meine Frau im Haus meiner Eltern vorbei, um mich zu besuchen. Ihr Bauch war sehr dick, und es sah aus, als hätte sie Probleme beim Laufen.

»Bitte lass dich von mir scheiden. Ich will dir nicht noch mehr Ärger bereiten. Aber unser Baby ...« Sie beendete den Satz nicht. Ich fragte mich, wie sie es schaffen wollte, ein Baby ganz allein großzuziehen.

Mein Vater mischte sich ein. »Mach dir keine Sorgen!«, sagte er. »Wir werden uns um das Baby kümmern.«

Es würde sein erstes Enkelkind sein.

Mein erster Sohn wurde am 25. März 1972 geboren. Wir nannten ihn Ho-chol. He-suku brachte ihn in unserem Haus zur Welt. Kurz nach seiner Geburt verließ sie uns. Ich möchte sagen, dass ich traurig war, sie gehen zu sehen, aber wir hatten einander kaum gekannt. Vielleicht war es so das Beste. Außerdem hatte ich nun dringendere Sorgen. Ich hatte einen Sohn, um den ich mich kümmern musste. Natürlich gab es weder weiche Tücher noch Milchpulver – eigentlich gab es fast gar nichts. Selbst wenn ich mich darauf konzentrierte, die dringenden täglichen Bedürfnisse meines Sohnes zu erfüllen, so kam ich nicht umhin, mir Gedanken über die Zukunft dieses winzigen, unschuldigen Babys zu machen. Er würde nicht viel bekommen. Sein Leben würde von Kampf und großem Kummer geprägt sein. Eigentlich hätte ich begeistert sein müssen, dass ich nun Vater war, aber ich konnte nicht viel erkennen, worüber ich hätte glücklich sein können. Es quälte mich, dass sein Leben mit so viel Leid verbunden sein würde. Meine Eltern und meine jüngste Schwester allerdings waren erfreut, und ich war froh, wieder bei ihnen einzuziehen.

Seit der Geburt meines Sohnes waren zwei Monate vergangen, und meine Mutter war in der Küche gerade dabei, das Frühstück vorzubereiten. Einst war sie relativ groß gewesen, doch im Laufe der Jahre war sie geschrumpft. Ihre Arbeitshosen waren von Löchern durchsetzt, durch die ihre Haut hervorschimmerte. Sie war erst siebenundvierzig, aber sie wirkte alt.

Plötzlich schien sie das Gleichgewicht zu verlieren. Sie drehte sich um und schwankte mir, der ich gerade meinen Sohn in den Armen hielt, entgegen.

»Ich muss mich kurz ausruhen«, sagte sie und setzte sich neben mir hin. Mit einem sanften Lächeln schaute sie meinen Sohn und mich an. Ich merkte, dass sie nach Luft rang, und geriet in Panik.

»Wenn du nach Japan zurückkehrst, dann nimm bitte meine Asche mit«, sagte sie mit dünner, rauer Stimme. »Bring sie deinen Großeltern. Lege sie in ihr Familiengrab.«

»Was redest du da? Hör auf damit, so etwas zu sagen. Das ist ein schlechtes Omen. Du hast gerade einen Enkelsohn bekommen.«

Doch ihr Gesicht rötete sich nun immer mehr. Da wusste ich, dass gerade etwas ganz und gar nicht in Ordnung war. Ihr Atem wurde flach und mühsam und ihr Gesicht von Sekunde zu Sekunde blasser.

»Ich werde ein kleines Nickerchen halten«, sagte sie und legte sich hin.

Ich begann ihren Rücken zu massieren, denn ich wusste, dass sie das mochte. »Hast du Schmerzen? Fühlst du dich krank?«, fragte ich, unsicher, was ich tun sollte.

Aber sie antwortete nicht. Ich schüttelte sie, doch sie reagierte überhaupt nicht mehr.

»Mutter!«, rief ich. »Mutter!«

Keine Antwort.

Dann fing das Baby an zu heulen.

Mein Vater und meine Schwester eilten aus ihrem Schlaf aufgeschreckt ins Zimmer.

Aus den Augenwinkeln meiner Mutter rann eine Spur von Tränen.

Mein Vater legte seine Hand auf ihren Mund.

Dann schaute er mich mit einem leeren Gesichtsausdruck an.

Ich konnte hören, was er sagte, doch seine Worte ergaben für mich keinen Sinn.

»Sie ist tot.«

Der einzige Mensch, der zu unserem Haus kam, als sich die Nachricht vom Tode meiner Mutter im Dorf verbreitete, war Frau Chon, die Ehegattin jenes Mannes, der uns vor so vielen Jahren geholfen hatte, nach dem Feuer unser neues Haus zu bauen. Sie stürmte herein und schüttelte den Körper meiner Mutter, ihr Gesicht war von Tränen überströmt.

»Du bist doch gerade Großmutter geworden! Warum musstest du sterben?«, klagte sie.

Mein Sohn, erschöpft vom Weinen, schlief in meinen Armen.

An jenem Abend kamen Eiko und Hifumi vorbei. Eiko nahm mir das Baby ab. Sie konnte sehen, dass ich benommen und verstört war.

»Du bist der erste Sohn. Du musst stark sein«, sagte sie zu mir.

Hifumi sagte dasselbe.

Als ich den zerbrechlichen Körper meiner Mutter betrachtete, machten mich ihre schäbigen, durchlöcherten Hosen betroffen. Sie tat mir so leid. Ich meine, sie war in diesen heruntergekommenen, zerfledderten Arbeitshosen gestorben. Ich konnte es nicht ertragen.

Ich ging hinaus in die dunkle Nacht. Es war ein wolkenverhangener Abend, die Sterne und der Mond waren daher völlig verdeckt. Ich wanderte ungefähr eine Stunde lang im Dorf herum, dann kam ich hinter einem Haus vorbei, wo ich ein Paar Hosen sah, die dort zum Trocknen hingen. Ich flüsterte mir zu, so etwas nie wieder zu tun, und bat um Vergebung für mein Handeln, dann griff ich nach diesen Hosen und schob sie unter mein Hemd.

Ich rannte nach Hause, wusch den Körper meiner Mutter und zog sie ihr an. Und wissen Sie was? Es stellte sich heraus, dass diese Hosen ebenso schäbig waren.

Am nächsten Nachmittag legten wir sie in ihren Sarg. Ich habe versucht, den Deckel zuzuhämmern, aber die blöden Nägel waren minderwertig und wollten nicht gerade reingehen. Für mich hat das alles gesagt: Was meine Mutter betrifft, so hatte sie, seit sie nach Nordkorea übergesiedelt war, nicht den geringsten Luxus genießen können. Ich konnte es nicht lassen, darüber nachzudenken. Hatte sie in ihrem ganzen Leben auch nur einen einzigen guten Tag erlebt? Oder war ihr ganzes Leben nicht besser als ihre zerlumpten Arbeitshosen gewesen? Zerfledderte Hosen ... ein erbärmliches Leben. Auch noch als ich ihren Sarg trug, grübelte ich darüber nach, ob ihr auch nur ein einziger Tag reinen Glücks gegönnt gewesen war. Aber mir fiel keiner ein. Vielleicht konnte sie im Tod endlich glücklich sein.

Wir begruben sie an einem Berghang in der Nähe einer Obstplantage und stellten ein schlichtes Stück Holz auf, um die Stelle zu markieren. »Hier liegt Miyoko Ishikawa«, stand darauf zu lesen. Mein Vater konnte nicht sprechen. Er seufzte nur vor Trauer.

Als wir zurück zu unserem Haus kamen, waren die Dorfbewohner, die uns geholfen hatten, den Sarg bis zum Berghang zu bringen, bereits da und labten sich begeistert an den Speisen und Getränken, die Eiko besorgt hatte. Das machte mich krank. Als meine Mutter noch gelebt hatte, hatten sie sie links liegen lassen. Jetzt waren sie da und aßen und tranken zu Ehren ihres Todes. Ich konnte die Heuchelei ihres Verhaltens nicht ertragen – warum gingen sie nicht einfach und tanzten auf ihrem Grab?

Ich ging zurück zur Ruhestätte meiner Mutter. Ich zündete eine Zigarette an und steckte sie statt einer Räucherkerze auf ihr Grab. Und ich sang ein Kinderlied, das meine Mutter mir immer vorgesungen hatte. Es hieß »Rote Libelle«, und immer wenn sie es sang, blickte sie zum Himmel hinauf und sagte, nur der Himmel verbinde sie mit ihrem Heimatland. Wenn sie es sang, weinte sie immer. Ich musste so sehr schluchzen, dass ich die Worte kaum hervorbringen konnte. Von Trauer und Verzweiflung überwältigt, wollte ich am liebsten mit ihr im Boden versinken.

Das Leben ging weiter. Ich war nicht mehr derselbe, aber mein Vater, meine jüngste Schwester Masako, mein Sohn und ich blieben zusammen. Masako wurde Landarbeiterin. Mein Vater, damals fast sechzig Jahre alt, kümmerte sich immer noch um den Kessel in einem Obstverarbeitungsbetrieb. Währenddessen setzte ich meine Arbeit in dem landwirtschaftlichen Betrieb fort.

In der Regel standen wir um fünf Uhr auf. Zum Frühstück aßen wir Chinakohl, den wir in unserem Garten angepflanzt hatten. Er wurde in Wasser gekocht und mit Maisstärke verdickt. Klingt ziemlich scheußlich, nicht wahr? War es auch. Aber wenn wir eine Schüssel von dem Zeug hinunterschlingen konnten, hatten wir das Gefühl, unsere Bäuche seien voll.

Mein Vater war normalerweise der Erste, der das Haus verließ. Dann nahm ich meinen Sohn und versuchte, jemanden zu finden, der ihn stillen konnte. Ich ging von Haus zu Haus und bat um Hilfe. Ich konnte nichts dafür bezahlen, mir blieb also nichts anderes übrig, als zu hoffen, dass ich eine gütige Seele finden würde. Manchmal schrien mich die Leute an. Ich verging vor Scham, aber was sonst hätte ich tun sollen? Ihn verhungern lassen? Also gab ich nie auf. Danach nahm ich in mit in die Kinderkrippe unseres Betriebs und fing an zu arbeiten.

Seit unser Haus niedergebrannt war, hatten wir nicht einmal mehr einen Futon. Wir schliefen einfach auf dem Fußboden. Es war schwer, in diesem kalten Haus einzuschlafen, vor allem für meinen kleinen Sohn. Mein Vater und ich zogen unsere Hemden aus und kuschelten uns eng an ihn, um ihn mit unserer Körperwärme warm zu halten. Wir legten ihn an die wärmste Stelle in der Nähe des Heizofens. Und ging der Heizofen aus, knuddelten wir ihn wieder, nahmen ihn mit zum Kochofen und legten uns dort hin.

Nachts weinte er oft, weil er Hunger hatte. Ich bereitete dann einen dünnen Reisbrei aus Maisstärke und Reismehl zu und versuchte, seinen ständigen Hunger zu stillen, indem ich ihm ein paar Löffel davon gab. Aber manchmal nutzte das nichts, dann trug ich ihn auf meinem Rücken herum und versuchte ihn so ruhigzustellen. Manchmal bin ich im Stehen eingeschlafen. Und wenn dann meine Knie nachgaben, weckte ihn der Ruck auf und er schrie noch mehr. Schließlich lehnte ich mich gegen die Wand und schlief in dieser Haltung. Er hätte so leicht sterben können – vor Hunger, vor Erschöpfung, vor Kälte. Da ich so wenig für ihn tun konnte, lebte ich in einem ständigen Zustand der Angst und Furcht und Hilflosigkeit.

Das Leben war genauso hart wie zuvor, sogar härter noch, aber mein Sohn hat mich vom Tod meiner Mutter abgelenkt. Abgesehen von ihm hatte ich nichts, wofür es sich zu leben lohnte. Und wenn ich darüber zu oft nachdachte, dann, ja dann näherte ich mich dem Abgrund. So kämpfte ich verzweifelt, es von einem Tag zum nächsten zu schaffen.

KAPITEL 4

Zu dieser Zeit schien die Welt völlig gnadenlos zu sein. Ich war mit sechsundzwanzig ein alleinstehender Vater und nach einer bedeutungslosen Ehe, die gerade mal ein Jahr gehalten hatte, geschieden. Meine Mutter war nach einem Leben voller Elend jung gestorben. Mein Vater und ich kämpften darum, dass der Tod meinen Sohn nicht in die Fänge bekam. Und überall um mich herum sah ich nur absurde Sinnlosigkeit. Ich konnte nicht mehr so recht erkennen, warum ich noch am Leben sein sollte.

Was habe ich also getan, als ich diesen neuen Tiefpunkt erreicht hatte? Menschen sind nichts, wenn sie nicht auch irrational sind, also tat ich, was zahllose Menschen vor mir getan hatten und zahllose andere noch lange nach meinem Tod machen werden: Ich betete. Es spielte nicht einmal eine Rolle, dass ich nicht wirklich an Gott glaubte. Ich betete darum, künftig von weiteren Tragödien verschont zu bleiben. Ich betete für die Gesundheit meines Sohnes. Ich betete für eine Schicksalswende. Ich betete jeden einzelnen Tag. Und Gott wachte über mich. Fünf Jahre lang. Fünf Jahre lang ist mir überhaupt nichts passiert. Dann wurde ich einunddreißig.

Und Gott langweilte sich mal wieder.

Es war Herbst, kurz nach der Ernte. Der Tag der Lebensmittelverteilung stand bevor, die einzige Zeit des Jahres, zu der man sich ein wenig entspannen konnte. Eines Tages kam ich von der Arbeit nach Hause und fand meine Schwester Masako vor, die mit meinem Sohn kuschelte. Sie weinte und war untröstlich. Ich nahm meinen Sohn in den Arm und fragte sie, was denn mit ihm los sei – aber ihm ging es gut. Er wunderte sich auch, warum Masako so aufgelöst war. »Warum weinst du, Tantchen?«, fragte er. Keine Antwort. Sie schluchzte einfach weiter. Dann hörte sie plötzlich mit dem Weinen auf und schaute mich sehr ernst an. »Masaji, bitte sei mir nicht böse«, sagte sie. »Ich bin schwanger.« Ich war fassungslos, da ich keine Ahnung hatte, dass sie sich überhaupt mit jemandem abgab.

»Wer ist es? Hast du vor zu heiraten?«, fragte ich.

Und dann brach alles aus ihr hervor. Sein Name war Ham Om-choru und er war ein Landarbeiter aus dem Dorf. Er war ganz vernarrt und lieb gewesen, während meine Schwester bereit war, ihm das zu geben, was er wollte, aber kaum hatte sie ihm gesagt, dass sie schwanger sei, änderte sich sein Tonfall. Als sie ihn gefragt hatte, ob er die Absicht habe, sie zu heiraten, kam seine Familie ins Spiel. Dann lief das Übliche ab. Natürlich konnte er sie nicht heiraten – sie war ja ein japanischer Bastard. Und damit warfen sie sie aus dem Haus.

Ich konnte spüren, wie die Wut in mir wuchs, als sie mir die Geschichte erzählte. Meine Mutter hatte mich immer ermahnt, mein Temperament unter Kontrolle zu halten und geduldig zu sein; ihrer Meinung nach war Gewalt nie eine Lösung. Aber das konnte ich einfach nicht ertragen. Masako war meine Schwester und diese Leute brachten ihr keinerlei Respekt entgegen.

Mit einer Axt in der Hand ging ich zu Hams Haus, das ungefähr zehn Minuten Fußweg von unserem entfernt war. Ich traf ihn draußen an.

»Du hast meine Schwester ausgenutzt, du Wüstling! Weißt du was, Arschloch? Damit kommst du nicht durch.«

Seine Familie versuchte mich zurückzuhalten, aber ich packte ihn am Nacken und drückte ihn zu Boden. Er sah zu Tode erschrocken aus und brach in Tränen aus. Dann schrie er: »Vergib mir! Ich übernehme die volle Verantwortung!« Aber ich stand völlig neben mir und prügelte ihn grün und blau. Ich wusste es besser, aber ich konnte mich nicht kontrollieren.

Selbst als ich mit meinen Fäusten auf ihn eindrosch, konnte ich meine Wut nicht loswerden. Ich denke, meine Mutter hatte recht: Mit Gewalt kann man kein Problem lösen. Aber mir wurde mein ganzes Leben lang gesagt, da ich Japaner sei, wäre ich weniger wert als irgendein Mensch. Ich hatte die Schnauze voll. Hams Familie gelang es schließlich, mich von ihm wegzuziehen. In diesem Moment war ich des Kämpfens müde und taumelte davon, nach Hause.

Unglaublich, aber Hifumis Ehemann fand jemanden, der bereit war, Masako zu heiraten. Es war ein Buchhalter, der für eine Schule in der Stadt Mensan arbeitete, die tief in den Bergen lag. Seine Frau war gestorben und er hatte zwei Kinder. Und er war natürlich ein Rückkehrer. Ich spürte von Anfang an, dass es Ärger geben würde, da sie ihn ja noch nie zu Gesicht bekommen hatte. Da ich selbst schon einmal das Gleiche durchgemacht hatte, war ich skeptisch, ob das wirklich die richtige Lösung für sie war. Aber Masako war damit glücklich, sich darauf einzulassen. Ich vermute, für die Chance auf ein beständiges Leben war sie bereit, alles zu tun.

An dem Tag, an dem sie uns verließ, sagte ich zu ihr: »Wenn er dich schlecht behandelt, lass es mich einfach wissen. Ich werde mich darum kümmern.«

»Nein, danke«, sagte sie. »Keine Gewalt mehr. Versprich, dass du versuchst, besonnen zu bleiben.«

Mein Vater und ich fühlten uns, wie auch mein Sohn, einsam ohne sie. Es war ein seltsames Gefühl, keine Frau mehr im Haus zu haben. Mein Vater fing an, mich zu fragen, ob ich daran interessiert sei, noch einmal zu heiraten. Begeistert war ich nicht gerade, aber wenn ich an meinen Sohn und an meine Zukunft dachte, spürte ich tief in meinem Innern, dass ich jemanden finden wollte, mit dem ich mein Leben teilen konnte. Vielleicht würde es beim zweiten Mal klappen.

1976 lernte ich eine Frau kennen, die Kim Te-sul hieß. Wir waren beide in den Sechzigerjahren aus Japan nach Nordkorea gekommen und beide geschieden. Sie war zuvor mit einem gebürtigen Nordkoreaner verheiratet gewesen, doch ihre Schwiegermutter hatte sie ständig schikaniert: »Du bist eine Rückkehrerin. Warum besitzt du nichts Wertvolles?« So hielt ihre Ehe nur ganze zwei Monate. Weil wir beide ähnliche leidvolle Erfahrungen gemacht hatten, dachten wir, wir könnten unsere Gefühle teilen und gemeinsam ein friedvolles Leben verbringen.

Die Hochzeitszeremonie war sehr schlicht. Wir teilten die wenigen Lebensmittel, die wir hatten, und Te-sul und ich hatten jeder eine Tasse Sake, mit dem wir auf unser Eheversprechen anstießen. Nach der Zeremonie sagte mir mein Vater, Te-sul müsse für eine Weile fort, weil sie sich um ihre bettlägerige Großmutter in Hamju kümmern müsse. So konnten wir unser Eheleben noch nicht einmal unter einem gemeinsamen Dach beginnen.

Te-sul, ihre Schwester und ihr Bruder waren von ihrer Großmutter nach Nordkorea gebracht worden, nachdem ihr Vater bei einem Unfall in Japan getötet worden war. Nach seinem Tod war ihre Mutter verschwunden, also blieb es ihrer Großmutter überlassen, sie aufzuziehen. Damals hatte ihre Großmutter niemanden, der ihr half, daher erklärten wir uns damit einverstanden, eine Zeit lang getrennt zu leben. Ich hatte Verständnis für Te-suls schwierige Situation, und so sahen wir einander nur, wenn wir es irgendwie einrichten konnten, und nahmen für einen gegenseitigen Besuch so oft wie möglich die 45-minütige Zugfahrt in Kauf.

Das neue Jahr begann. Der Frühling kam. Als ich eines Tages von der Arbeit nach Hause kam, sah ich vor unserem Haus eine Frau stehen. Sie trug zerfetzte Arbeitshosen und hatte zwei Kinder im Schlepptau. Sie sah so ungepflegt aus, dass ich aus der Entfernung dachte, sie sei vielleicht eine Obdachlose. Als ich näher kam, bemerkte ich, dass sie schwanger war. Und dann drehte sie sich zu mir um. Es war Masako.

»Was machst *du* denn hier? Du siehst fürchterlich aus. Was ist passiert?«, fragte ich.

Sie blickte mich nur an und brach in Tränen aus. Ich nahm sie mit hinein, und schluchzend erklärte sie mir, wie ihre Schwiegermutter sie schikaniert hatte. Wieder einmal die gleiche alte Geschichte.

»Du bist eine Rückkehrerin. Warum hast du nichts?«, hatte ihre Schwiegermutter zu ihr gesagt. »Unsere Verwandten in Japan schicken uns Geld und Sachen. Warum tun das deine nicht?«

Ihr neuer Ehemann schloss sich dem bald an. Schließlich drängten sie sie und seine beiden Kinder – *seine* beiden Kinder, wohlgemerkt, von seiner ersten Frau, die gestorben war – aus dem Haus.

Sie hatte kein Geld und keine Möglichkeiten. Sie fing an, Lebensmittel zu stehlen. Und dann machte sie sich – schwanger und mit zwei Kindern im Alter von neun und sieben Jahren im Schlepptau – auf den Weg, die ganze Strecke zurück zu unserem Haus. Dafür waren sie drei Wochen unterwegs gewesen. Kein Wunder, dass sie solch ein Wrack war. Ich empfand große Verzweiflung und Mitleid mit ihr – und zugleich Hilflosigkeit, denn ich konnte nichts tun, um ihr Leben zu verbessern. Ich betete zu Gott und bat ihn, ihr zu helfen.

Einen Monat später brachte Masako einen Jungen auf die Welt, den sie Gang-ho nannte. Sie war zu schwach und zu dünn, um ihn zu stillen, also gaben wir ihm etwas Reiswasser, aber es hat nichts genutzt. Bald darauf wurden seine Fäkalien schwarz, und so brachte ich ihn in die Klinik. Der Arzt war ein netter Mann, nicht einer wie der Doktor, den ich mal verprügelt hatte, aber er konnte nichts dagegen unternehmen. »Es tut mir wirklich leid«, sagte er, »aber du musst einfach warten und sehen, ob es ihm von ganz allein besser geht.«

Der Herbst kam und das Wetter wurde langsam kühler. Zu diesem Zeitpunkt war das Schreien des Baby ganz kraftlos geworden. Und dann, eines Nachts, starb das Kind. Es war nur knapp drei Monate alt. Meine Schwester weinte und weinte. Sie heulte, bis sie völlig erschöpft war. Dann schlief sie ein, und als sie wieder wach wurde, fing sie wieder an zu heulen.

Ich wickelte den Leichnam des Babys in ein Tuch und trug ihn hinaus in die Nacht. Bald darauf folgten, eigentlich sehr passend, lauter Donner und heftiger Regen. Ich ging bis hinter das Grab meiner Mutter, hinter die Obstplantage, und stieg, die bemitleidenswerte Leiche in meinen Armen, den Berg hinauf. Regenwasser strömte den Berghang hinab und spülte Erde und Sand weg.

Ich stolperte und rutschte immer wieder auf dem schlammigen Boden aus. Schließlich hielt ich inne und legte den winzigen Körper auf den Boden. Ich fing an, mit meinen bloßen Händen zu graben. Während ich in der Dunkelheit grub und grub, versuchte ich, an gar nichts zu denken. Jedes Mal wenn es blitzte, konnte ich die Leiche des Babys neben mir sehen. Ein gruseliger, tragischer Anblick. Das brachte das Fass endgültig zum Überlaufen.

Ich stand auf und schrie in die Leere: »Warum müssen wir ein solches Leid ertragen? Was haben wir getan, dass wir das verdient haben?« Heiße Tränen liefen über mein ohnehin nasses Gesicht.

Ich begrub das Baby und ging, brüllend wie ein Verrückter, der ich geworden war, wieder den Berg hinunter.

Nachdem mein Neffe gestorben war, stellte ich mir immer wieder dieselbe Frage: Warum mussten meine Mutter und ein unschuldiges Baby sterben? Welchen Sinn hatte ein Leben, das nur aus Schmerz bestand? Seit ich nach Nordkorea gekommen war, hatte ich nur Grausamkeit, Hunger und Verzweiflung erlebt. Ich war fertig mit den Menschen.

So beschloss ich, meine Arbeit in der Landwirtschaftskooperative einzustellen und tief in den Bergen Köhler zu werden. Als Köhler würde ich ganz allein arbeiten und wie ein Einsiedler leben können. Natürlich dachte ich an meinen Sohn, meinen Vater und meine Schwestern. Aber ich war in einem so schlechten Gemütszustand, dass ich befürchtete, es könnte für alle schlimmer sein, wenn ich hier bliebe.

Natürlich hatte ich nicht das Recht, mir einfach so eine neue Arbeit auszusuchen. Ich musste mir dafür die Erlaubnis einholen. Wollte man eine andere Arbeit zugeteilt bekommen, brauchte man dazu ein Genehmigungsschreiben der Partei für einen Arbeitsplatzwechsel, ein Genehmigungsschreiben für eine Übertragung der Essensration und ein Genehmigungsschreiben des Militärs für einen Arbeitsplatzwechsel. Für deine Essensration war dein Arbeitsplatz zuständig, und hörte man auf, dort zu arbeiten, musste man eben hungern. Andererseits stiegen, wie in jedem totalitären Staat, manche Menschen völlig aus dem gesellschaftlichen Rahmen aus. Aber wenn man das tat, hatte man nur zwei Möglichkeiten: Man konnte ein obdachloser Landstreicher oder Bandit werden.

Trotz all dieser Bürokratie gab es jedoch ein Schlupfloch. Wurde entschieden, dass man es nicht wert sei, überwacht zu werden, konnte man letztendlich völlig ignoriert werden. Die Partei musste zu der Ansicht kommen, man sei die Mühe nicht wert. Genau dazu kam es, als ich meinen regulären Arbeitsplatz aufgab. Der Partei schien es egal zu sein, ob ich lebte oder tot war. Für sie hörte ich ganz auf zu existieren.

Für die meisten Menschen war die Arbeit eines Köhlers eine der miesesten Tätigkeiten überhaupt. Sie war genauso hart wie die eines Landarbeiters oder eines Bergmanns, ein Job für die ganz unten. Entschied man sich, die Arbeit als Traktorfahrer aufzugeben, um Köhler zu werden, dachten die Leute, man sei verrückt. Aber das hat sich zu meinen Gunsten ausgewirkt. Kaum hatte ich meine Bewerbung auf eine Tätigkeit als Köhler eingereicht, wurde sie sofort akzeptiert. Eine Premiere! »*Köhler? Niemand* will eine solche Arbeit machen!«

Mein Vater und meine Schwester fanden sich beide mit meiner Entscheidung ab. Ihnen schien klar zu sein, dass ich, egal, was sie sagten, meine Entscheidung nicht ändern würde. Sie spürten, dass ich mich kaum noch zusammenreißen konnte. Als ich sie dann bat, sich um meinen Sohn zu kümmern, protestierten sie nicht. Er war damals sechs Jahre alt. Jeden Tag, wenn er von der Schule nach Hause kam, erzählte er mir mit großen Augen und seinem kindlichen Staunen alles über die Dinge, die er gerade gelernt hatte, wer was gesagt hatte, wer was tat und so weiter. Er war so süß, es war herzzerreißend. Es tat mir auch leid, meine Frau zurückzulassen, die sich immer noch um ihre Großmutter kümmerte, aber es machte mir Mut, dass ich von nun an mit niemandem mehr kommunizieren musste. Es war besser so für die anderen und für mich – das zumindest dachte ich damals.

Am Morgen meiner Abreise standen mein Vater und meine Schwester unbeholfen beisammen, um mich zu verabschieden, und wirkten etwas verloren. Gerade als ich loswollte, sagte mein Sohn unschuldig: »Ich werde mich um Großvater und Tante kümmern. Bitte verdiene viel Geld.«

Als ich ihn fest an mich drückte, brach mir das Herz. Ich ging los, ließ sie hinter mir und blickte nicht zurück. Ich wusste, wenn ich das täte, würde ich zusammenbrechen.

Ich marschierte vom frühen Morgen bis zur Abenddämmerung und verlief mich unterwegs mehrmals. Schließlich kam ich an meinem Arbeitsplatz an.

Der Arbeitsplatz bestand aus drei Brennöfen und Zelten, in denen die Arbeiter untergebracht waren, sowie einem Ochsen für Transporte. Es gab nur sieben oder acht Arbeiter, was mir sehr entgegenkam. Ihre Gesichter waren tief gezeichnet, ihre Falten und Narben erzählten die Geschichten all der Probleme in ihrem Leben.

Am nächsten Tag fing ich mit meiner Arbeit an. Wie mir aufgetragen worden war, fällte ich eine Buche, hackte die Äste ab und zerschnitt den Baum in Stücke von rund fünfzig Zentimetern Länge. Dann brachte ich sie zum Brennofen. Zuerst füllte ich den Brennofen mit den abgehackten Ästen auf und entzündete in seiner Mitte ein Feuer. Nachdem ich mich versichert hatte, dass das Feuer brannte, deckte ich den Ofeneingang mit Erde ab. Kurz danach stieg Rauch aus dem Kamin auf. Mir wurde gesagt, wenn der Rauch gelb sei, sei das Feuer stark genug und dass es dann drei Tage lang im Ofen brennen müsse. Kam dann kein Rauch mehr aus dem Kamin, musste man weitere drei Tage warten, bis man die Holzkohle hervorholen konnte. Der ganze Vorgang nahm also ungefähr eine Woche in Anspruch.

Die Arbeit sollte in der Regel von zwei Leuten verrichtet werden, doch in Wirklichkeit wurde sie normalerweise im Alleingang getan. Das war mir ganz recht. Als meine erste Ladung Holzkohle fertig war, entfernte ich die Erde vom Ofeneingang und kroch hinein. Es war das erste Mal, dass ich so etwas machte, und deshalb wollte ich überprüfen, ob es gelungen war, ohne dass jemand anderes dabei war. Ich hatte mir ein feuchtes Handtuch über den Mund gebunden, doch im Ofen fiel es mir ab, und so bekam ich eine Menge Holzkohlestaub in meine Nase und in meinen Mund. Und es war so heiß, dass ich heftig anfing zu schwitzen. Ich war schockiert, wie schnell meine Energie versiegte, aber ich lud meinen Korb mit Holzkohle voll und kroch wieder hinaus.

Kim, der Leiter der Gruppe, blickte besorgt, als ich aus dem Ofen hervorkam. »Sei vorsichtig! Da drinnen ist giftiges Gas«, warnte er mich.

Ich wusste es damals nicht, aber es war ungewöhnlich, dass sich jemand so offen äußerte. Jeder an diesem Arbeitsplatz hatte einen problematischen Hintergrund, und niemand war geneigt, sich zu unterhalten, nicht einmal über banale Dinge. Schweigen war die Regel.

Mein Essen bestand aus Maisreis, den ich jeden Tag aus meinem Lager mitbrachte, dazu ein paar Bergkräuter, die ich gesammelt und gekocht hatte. Alkohol war für diese Arbeit anscheinend unerlässlich. Gott weiß, ob das stimmt oder nicht, denn ich habe keinerlei medizinische Beweise gefunden, die diese Theorie stützen, aber mir wurde gesagt, dass ich mir, wenn ich keinen Alkohol trinken würde, eine Lungenkrankheit zuziehen würde. Zuvor hatte ich nie besonders viel Alkohol getrunken, aber ich habe sicher schnell Geschmack daran gefunden. Wenn es zu unseren Rationen keinen Alkohol gab, brach die Hölle los. »Kein Alkohol, keine Arbeit!«, skandierten einige der Arbeiter. So blieb die Versorgung damit bemerkenswert beständig.

Als ich ungefähr drei Monate an dieser Arbeitsstelle war, tauchte eines Tages der Revierförster auf. Einige Bäume waren ohne Genehmigung gefällt worden, und da er ein bisschen ängstlich war, fragte er mich, ob ich ihn in der folgenden Nacht auf seiner Patrouille begleiten würde. Kurz nach Sonnenuntergang machten wir uns auf den Weg, und prompt trafen wir auf ein paar Leute, die einen Baum fällten.

»Nicht bewegen! Bleibt genau da, wo ihr seid!«, schrie der Förster und rannte mit seiner schwachen Taschenlampe auf sie zu. Es waren ungefähr acht junge Männer, die um einen Baum herumstanden. Ich erwartete, dass sie davonlaufen würden, aber das taten sie nicht. Ganz im Gegenteil. Sie drehten sich nach dem Förster um und fingen an, ihn zu verprügeln. Ich sprang hinzu, um zu helfen, und schließlich waren alle acht niedergestreckt.

Danach war ich das Gesprächsthema des nahe gelegenen Dorfes. Man nannte mich den »Ringkämpfer«. Nicht gerade »Tiger« wie meinen Vater, aber ich hatte nichts dagegen.

Ein paar Tage später ließ sich ein Polizist blicken und wollte meine Fingerabdrücke. Ich konnte es nicht glauben. Ich gebe zu, dass ich vielleicht ein wenig zu weit gegangen war, aber ich hatte ja dem Förster geholfen und nicht ihn angegriffen. Ich biss mir auf die Zunge, weil ich mich nicht in noch größere Schwierigkeiten bringen wollte. Ich konnte mir denken, was passiert war. Der Förster war von den Dieben bestochen worden, ihnen zu erlauben, hier und da ein paar Bäume zu fällen, und dann hatte mich der Förster in eine Falle geführt. Da war ich Köhler geworden, um all den Lügnern und Dieben aus dem Weg zu gehen, die sich in Nordkorea als gute Menschen ausgaben. Aber da gab es kein Entkommen.

Gerade als ich mich an meine Arbeit gewöhnte, bekam ich ein Telegramm von meiner Frau. Es war kurz und auf den Punkt gebracht. SOHN GEBOREN 15. APRIL. KOMM BALD ZURÜCK.

Meine Gefühle waren verwirrt und mein Kopf war benebelt. Masakos Baby war gestorben. Ich war leicht verrückt geworden und hatte mich aufgemacht, um als Einsiedler zu leben. Und mein neues Leben passte mir gerade sehr gut. Aber jetzt kam ein neues Baby ins Spiel. Ein Teil von mir war von der Nachricht begeistert. Doch ein anderer Teil ... weniger.

Als ich meinem Vorgesetzten die Nachricht mitteilte, war er so begeistert, dass man denken konnte, es sei sein Baby. Er besorgte einen großen

Sack Klebreis, Sesamsamen, Azukibohnen und eine Ladung normalen Reis – alles aus dem Nahrungsmittelnotdepot geschnorrt.

»Du musst gehen. Beste Grüße von mir an deine Frau!«, sagte er.

Ich war verblüfft. Ich glaube nicht, dass ich ihn jemals so sehr hatte lächeln sehen. Er sprach nie viel und war im Allgemeinen eher distanziert. Doch an jenem Tag hätte er nicht freundlicher sein können. Ich machte mich überrascht und verwirrt, aber glücklich angesichts des Gedankens, meiner Frau all diese kostbaren Geschenke zu bringen, auf den Heimweg.

Am 19. April kam ich bei meiner Frau an und mein Schwager empfing mich im Haus. Meine Frau döste mit meinem neugeborenen Sohn, der neben ihr schlief. Als sie aufwachte, war sie so glücklich, mich zu sehen, dass sie weinte.

»Ich hätte nicht gedacht, dass du kommst«, sagte sie.

Mehr als sechs Monate war ich weg gewesen, und sie dachte, ich hätte sie für immer verlassen.

Das Baby wurde an Kim Il-sungs Geburtstag geboren. Für mich war das nicht unbedingt ein gutes Omen. Das Kind hatte nicht nur das Pech, am Geburtstag dieses erbärmlichen Mannes geboren zu sein, es war auch der Tag, an dem 1964 unser erstes Haus abgebrannt war. Andererseits war es auch der Tag, an dem die jährlichen Lebensmittelrationen verteilt wurden, es war also vielleicht nicht alles schlecht.

Meine Frau erzählte mir von der Geburt des Babys. Sie und ihr Bruder hatten zu Ehren des Geburtstags unseres Führers etwas Klebreis bekommen. Sie dämpften ihn und stampften ihn zu Reiskuchen – einer seltenen Gaumenfreude –, als bei meiner Frau plötzlich die Wehen einsetzten.

Sie brach ihre Erzählung ab und hielt einen Moment lang verlegen inne. »Es tut mir leid«, sagte sie. »Ich habe dem Baby den Namen Myonghwa gegeben. Ich hätte ja gewartet, um ihn mit dir zu besprechen, aber ich hätte nicht gedacht, dass du zurückkommst.«

Überrascht sagte ich: »Aber in deinem Telegramm ... Du hast doch geschrieben, es sei ein Junge.«

Meine Frau schaute mich entschuldigend an. »Ich weiß. Ich dachte nur ... na ja, hätte ich dir geschrieben, dass es ein Mädchen ist ... dann würdest du nicht zurückkommen, um es zu sehen.«

»Sei nicht albern! Junge ... Mädchen ... beides ist doch wunderbar.«

Ich war so glücklich, stampfte etwas Klebreis, fügte ein paar süße Azukibohnen hinzu und bereitete einen besonderen Nachtisch. Wir luden ein paar der Nachbarn ein, um die Geburt zu feiern.

Wenn ich in das Gesicht meines Babys schaute, das so friedlich schlief, weckte das in mir die Entschlossenheit, härter als je zuvor zu arbeiten. Doch spät in der Nacht suchte mich die Realität wieder heim. Ich hatte eine Frau. Und jetzt zwei Kinder. Und egal, wie hart ich arbeitete, ich würde immer arm sein. Mir würde nie erlaubt werden, meine Situation zu verbessern, ganz gleich, wie sehr ich mich anstrengte. Meine Kinder würden ungeachtet dessen, was ich tat, mit einem Leben in Not konfrontiert sein.

Am nächsten Tag wachte ich auf und all meine naive Freude war verflogen. Wieder einmal wurde ich von einem Gefühl der Sinnlosigkeit überwältigt. Meine Frau bemerkte die Veränderung meiner Stimmung. Ich konnte es ihrem Gesicht ansehen. Aber sie sagte nichts.

Ich beschloss, meinen Vater, meine Schwester und meinen Sohn zu besuchen.

Ho-chol war begeistert, mich zu sehen. Ständig lief er mir hinterher; er wollte mich nicht einmal eine Minute lang aus den Augen verlieren. So sind Kinder eben – mit einem Lächeln können sie dein Herz brechen. Mein Vater hatte das Baby Myong-hwa bereits gesehen und war wegen ihr ganz aus dem Häuschen. Masako war da und wirkte noch immer verloren. Sie arbeitete in der Fruchtsaftfabrik in Dong Chong-ri, doch das schien ihren Gemütszustand nicht allzu sehr verbessert zu haben. Zuerst fand ich es wunderbar, mal wieder zu Hause zu sein, aber das Gefühl der Hoffnungslosigkeit ließ nicht lange auf sich warten. Ich konnte nicht umhin zu denken, dass ich nicht mehr in der Lage wäre weiterzumachen, wenn eine weitere Tragödie meine Familie heimsuchen würde.

Ich beschloss, hinauszugehen und ein wenig im Dorf herumzuspazieren. Wie der Zufall es wollte, traf ich auf ein paar alte Bekannte. Sie hatten mich immer verschmäht, doch seltsamerweise hatten sie nun das Bedürfnis zu plaudern. Sie erzählten mir, im Dorf sei eine neue Frau aufgetaucht. Offensichtlich war sie eine reiche Rückkehrerin aus Japan, die kürzlich aus Hamhung verbannt worden war. Ihr Lebensstil in Hamhung war so luxuriös gewesen, dass sie der Geheimpolizei ein Dorn im Auge war und ausgerechnet in unser Dorf verbannt wurde. Normalerweise wäre sie in einem Konzentrationslager gelandet, aber die Leute waren der Meinung, dass sie sicher jemanden bestochen hatte.

Ohne allzu großes Interesse hörte ich zu und ging dann weiter. Ein paar Minuten später gelangte ich an das Dorfflüsschen – und da stand sie, diese geheimnisvolle Dame. Sie sah sauber aus, war elegant und gut angezogen. Ich ging auf sie zu und stellte mich vor. Schließlich waren wir ja beide Rückkehrer. Sie blickte mich kurz an, dann ignorierte sie mich bewusst. Es war klar, dass ich für sie einfach nicht existierte. Unbeirrt glitt sie an mir vorbei, ein weiterer Geist in diesem Land der Toten.

In diesem Moment beschloss ich, zurück zu den Brennöfen zu gehen, zurück in eine Welt der harten Arbeit und Stille. Zurück zum Bäumefällen und Zweigeabhacken, um sie auf meinem Rücken zu tragen, in den Brennofen zu schieben und den Schmerz in meinem Kreuz und meinem Herzen wegzutrinken. Ich wollte einfach etwas Anständiges und Reines tun, etwas, für das ich nicht gemaßregelt werden konnte. Aber selbst als ich schließlich zurück in meinem Einsiedlerdasein war, konnte ich diese Rückkehrerin, die mich ignoriert hatte, einfach nicht vergessen. Es war dumm, sich damit zu beschäftigen. Von allen Beleidigungen, die ich in meinem Leben hatte ertragen müssen, war ihre nicht gerade die schlimmste. Aber ich konnte nicht anders. Sie hatte mich ganz bewusst ignoriert. Sie verhielt sich, als ob ich überhaupt nicht existierte, selbst als ich direkt vor ihr stand. Dieser Moment schien meine gesamte Existenz zusammenzufassen. Ich war nichts. Weniger als nichts. Was auch immer ich tat, es war Zeitverschwendung. Vergebliche Mühe.

Als ich eines Morgens einen Baum fällte, dachte ich plötzlich: Zur Hölle damit! Mach einfach Schluss! Der Todesschmerz wäre nichts, verglichen mit dieser Hölle auf Erden.

Ich trieb einen Strick auf – im Holzkohlegeschäft gab es keine Unterversorgung mit Stricken –, warf ihn über den Ast eines Baumes und band eine Schlinge. Unter dem Ast war ein Felsbrocken, der genau die richtige Höhe zum Herunterspringen hatte. Darauf hatte ich geachtet. Ich stieg hinauf und schaute auf den Fluss, der vor meinen Augen dahinströmte. Gleichgültig eilte er in die Zukunft. Aus irgendeinem Grund kamen mir die Tränen.

Ich zog die Schlinge über meinen Kopf. Nahm einen tiefen Atemzug. Sprang.

Der Ast über mir schwankte heftig. Mein Körper schwang umher. Ich krümmte mich unkontrolliert. Aber es war, als wäre ich aus meinem Körper herausgetreten und blickte von oben auf meine Verrenkungen herab. Noch konnte ich fühlen, sehen, atmen, gerade noch so.

Tatsache war, dass ich meinen eigenen Selbstmord vermasselt hatte. Nicht einmal das bekam ich richtig hin. Die Schlinge hatte sich am Kinn verhakt und lag nicht ganz um meinen Hals herum, sodass sie meine Halsschlagader hätte zudrücken können. Ich konnte leicht atmen, wenngleich es auch schmerzhaft und mühsam war. Und mein Körper oder etwas in meinem Gehirn – ich weiß nicht –, irgendetwas kämpfte verzweifelt ums Überleben. Tränen des Schmerzes und der Frustration liefen mir über die Wangen und Spucke sabberte aus meinem Mund.

Und dann hörte ich hinter mir einen Schrei. Es war Shin, einer meiner Köhlerkollegen.

Ich hörte, wie er herbeirannte, und plötzlich drückte er seinen Kopf gegen meinen Schritt. Er hievte mich auf seine Schultern und zog die

Schlinge von meinem Kopf weg. Dann brach er zusammen und wir beide fielen zu Boden.

Ich würgte und krümmte mich immer noch. Mich überkam eine Welle der Frustration und des Kummers, weil ich nicht in der Lage war, mich selbst zu töten. Ich krallte mich am Boden fest und verfluchte mich selbst. Ich weinte. Shin weinte. »Warum wolltest du so etwas Schreckliches tun?«, schrie er unter Tränen.

Wiedergeboren.

Shin musste meinem Vorgesetzten erzählt haben, was ich getan hatte, denn in dieser Nacht sagte der zu mir: »Was um Himmels willen hast du dir dabei gedacht? Wenn du stirbst, was geschieht dann mit deiner Familie? Wenn dir deine Kinder überhaupt etwas bedeuten, kannst du die Hoffnung nicht einfach so aufgeben!«

Ich brach in Tränen aus und konnte nicht aufhören zu weinen. Ich schluchzte einfach weiter.

»Ich schätze, ich bin wohl zum Weinen bestimmt«, sagte ich.

Er lachte über mich, aber freundlich.

Wir tranken bis weit in die Nacht.

Es verging etwa ein Jahr. Dann bekam ich eines Tages ein Telegramm meiner Frau, die mir mitteilte, sie könne das Haus ihrer Großmutter nun endlich verlassen. Ich beschloss, es sei an der Zeit zurückzugehen. Ich bat meinen Vorgesetzten um Erlaubnis und er reagierte sehr verständnisvoll. Ich hatte das Gefühl, als wäre ich aus einer Art Fegefeuer erstanden.

Am Tag, an dem ich ging, verabschiedeten mich alle Kollegen. Sie waren ein schweigsamer Haufen, aber sehr nett. Ein Strudel gemischter Gefühle durchströmte mich. Diese Männer waren die ehrenwertesten Leute, die mir seit langer Zeit begegnet waren. Wir hatten in einer gegenseitig einvernehmlichen Schweigsamkeit zusammengelebt, in einem Umfeld, das irgendwie der belanglosen Realität des alltäglichen Lebens entrückt schien. Aber ich hatte eine Familie, um die ich mich kümmern musste, und ich spürte, wie ein kleiner Samen der Hoffnung tief in meinem Innern Wurzeln schlug. Ich war bereit zu gehen.

Ich kehrte zum Haus meines Vaters in Dong Chong-ri zurück, und meine Frau und meine kleine Tochter kamen, um bei uns zu wohnen. Nun waren wir zu acht in diesem Haus: meine Schwester Masako, ihre beiden Stiefkinder, mein Sohn, meine Frau, meine Tochter, mein Vater und ich. Acht! Und mein Vater war der Einzige, der Arbeit hatte, denn mir war noch kein neuer Arbeitsplatz bewilligt worden. Es war praktisch unmöglich, so über die Runden zu kommen.

Wir schrieben die frühen Achtzigerjahre und die Ernährungssituation veränderte sich von schlecht zu noch schlimmer. Ein damals allgemein verbreiteter Slogan lautete: »Kommunismus bedeutet Reis!« Überall wurde er wiederholt. Landarbeiter und Studenten arbeiteten gemeinsam daran, an den Berghängen Terrassenfelder für den Reisanbau anzulegen. Doch als die Regensaison einsetzte, wurden die meisten Felder aufgrund schlechter Planung davongespült. Selbst die Felder, die instand blieben, waren in so schlechtem Zustand, dass da kaum etwas gedeihen konnte. Oh, und die Setzlinge mussten natürlich immer noch ganz eng nebeneinander gepflanzt werden, sodass die Pflanzen einander den Platz wegnahmen und keine anständige Ernte hervorbringen konnten. Obgleich wir es besser wussten, mussten wir uns alle an das lächerliche *Juche*-System halten. Wenn ein landwirtschaftlicher Betrieb sein Ernteziel nicht erreichen konnte, fälschte der Leiter des Hofs die Zahlen, damit es so aussah, als hätte man das Ernteziel erreicht. Doch ungeachtet aller märchenhaften Aufzeichnungen, der Vorrat log nicht: Die in jedem Herbst verteilten Lebensmittelrationen wurden kleiner und kleiner.

Ich fragte eine alte Dame, die mit einem geistig behinderten Sohn in der Nähe des Flusses wohnte, ob meine Familie ein Zimmer in ihrem Haus beziehen könnte. Sie stimmte zu. So verließen meine Frau und ich und unsere beiden Kinder zum neuen Jahr das Haus meines Vaters. Ich hatte noch immer keine Arbeit – ich konnte einfach keine finden, egal, wie sehr ich mich bemühte –, und so überlebten wir mit Bergkräutern und Fischen aus dem Fluss.

Ich wollte für meine Familie unbedingt ein Haus bauen, deshalb lieh ich mir beim Agrarhof ein paar Werkzeuge und einen Ochsenkarren aus. Es schneite ziemlich heftig, aber ich konnte es nicht mehr ertragen. Also machte ich mich auf zum Berg. Im Wald reichte mir der Schnee an manchen Stellen bis zur Hüfte, und man musste sich regelrecht durchkämpfen, um voranzukommen. Als ich eine Kiefer mit einem Durchmesser von ungefähr vierzig Zentimetern fand, fällte ich den Baum, packte ihn auf den Ochsenkarren und transportierte ihn den Berg hinunter. Das tat ich wieder und wieder. Es war eine strapaziöse Arbeit.

Alles, was ich zu essen hatte, war ein wenig gefrorener Maisreis, den ich von meinem Vater bekommen hatte. Immer wenn ich durstig war, schaufelte ich mir Schnee in den Mund. Jedes Mal wenn ich den Berg hinaufstapfte, um einen Baum zu fällen, schwitzte ich wie verrückt. Den ganzen Weg hinunter musste ich dann zittern. Mit der Zeit hatte ich genug Baumstämme zusammen, meine zerfledderten Arbeitshosen waren, von Schweiß und Schnee durchnässt, gefroren. Während ich lief, raschelten sie und winzige Eiskristalle fielen auf den Boden.

Mit einer Sichel schälte ich die Rinde von den Baumstämmen und stapelte alle Stämme in der Nähe der Stelle, an der ich das Haus bauen wollte. Ich zersägte die Stämme in Teile von passender Länge. Dann sammelte ich am Fluss ein paar Steine für das Fundament und schleppte sie im Karren heran. Nachdem ich mit den Steinen das Fundament gelegt hatte, zog ich die Pfeiler hoch. Ich benutzte Lehm und Schlamm, um eine Art Putz herzustellen. Wäre ich ein Parteibonze gewesen, hätte ich mir etwas Zement besorgen können, aber das kam für mich nicht infrage.

Ich mischte den Putz mit bloßen Händen und klatschte ihn gegen die Pfeiler. Meine Handflächen bluteten, mein Blut wurde dem Putz also untergemischt. Ich machte ein Feuer, um mir die Hände zu wärmen, damit ich weiterarbeiten konnte. Aber die Haut schälte sich von meinen Händen ab und die Hitze brannte. Es war alles qualvoll, doch ich machte einfach weiter. Tag für Tag, Woche für Woche.

Nach fünf Monaten war das Haus fast fertig. Ich konstruierte ein gewölbtes Dach und bedeckte es mit Stroh, das meine Frau vorbereitet hatte. Es war eher eine Hütte als ein richtiges Haus, doch letztendlich bot es uns Schutz vor dem Regen. Nachdem ich mir das Bauwerk eine Weile angeschaut hatte, wandte ich mich an meine Frau.

»›Vor allem Geschwindigkeit!‹ hat in diesem Fall gar nicht mal so schlecht funktioniert!«, sagte ich.

»Vor allem Geschwindigkeit!«, entgegnete sie und lachte. Es war ein weiterer der allgegenwärtigen Slogans jener Zeit.

Als wir einzogen, war Ho-chol sieben Jahre alt, Myong-hwa war zwei. Alles, was wir hatten, waren eine Kiste Äpfel und eine Reispfanne, die uns mein Vater gegeben hatte. Da ich kein Landarbeiter mehr war, hatte ich keinen Anspruch auf eine Lebensmittelration. So machte ich mich jeden Tag auf zum Agrarhof des Dorfes und stahl ein paar Daikon-Rettiche. Die Mahlzeit, die wir damit bereiteten, war einfach: Man zerkleinere den Rettich, einschließlich der Blätter. Man vermische das Ganze mit ein paar Reiskörnern, die man schnorren konnte. Dann füge man viel Wasser hinzu, um Reisgrütze herzustellen. Nur war es nicht wirklich Reisgrütze, denn es war nie ein einziges Korn zu finden, wenn man das grässliche Zeug herausschöpfte. Doch obwohl wir unbeschreiblich arm waren, war es das erste Mal, dass ich meine eigene Familie beieinanderhatte – und irgendwie, dachte ich, würden wir schon überleben. Es gab also jeden Tag »Reisgrütze«. Ich hatte kein schlechtes Gewissen, dass ich den Rettich klaute. Ich hatte doch keine andere Wahl. Meine Frau musste etwas essen, damit sie unser Baby stillen konnte. Mein Sohn musste essen und ich auch. Es war schlicht eine Frage des Überlebens.

Ich entwickelte eine Art »Was soll's?«-Haltung. »Selbst wenn ich eine Arbeit bekäme, hätten wir immer noch nicht genug zu essen«, sagte ich zu meiner Frau. Ich fand, wir sollten unabhängig leben und uns nicht auf die

Regierung verlassen. Im darauffolgenden Frühjahr ernährten wir uns von Löwenzahn, Farnkraut und Beifuß. Wir kochten sie mit einer Paste aus Eicheln. Giftige Dinger, diese Eicheln, aber so war es. Die Pampe schmeckte bitter und unsere Zungen wurden, nachdem wir es gegessen hatten, taub. Aber zumindest hatte es einen gewissen Geschmack, was uns besser schien als gar keiner.

Im Sommer stahl ich eine Menge daumengroßer Pfirsiche und wir verschlangen sie ganz beglückt. Auch Äpfel und Kartoffeln. Ich war nicht allein. Viele andere Leute klauten irgendwelches Zeug. Ich vermute, die Polizei hatte aufgegeben. Einige der Lebensmittel, die wir gegessen hatten, waren verdorben, und einige der Kräuter, die wir verzehrten, waren giftig. Oft litten wir an schweren Bauchschmerzen, aber was hätten wir tun sollen.

Diese Art der Lebensführung ging noch ungefähr ein Jahr so weiter, bis meine Frau eines Tages verkündete, sie mache sich Sorgen um ihre Großmutter. Danach fuhr sie regelmäßig zu ihrem Haus, um nach ihr zu sehen, und sehr häufig kam sie mit einem Beutel Reis zurück. Sie sagte mir, ihre Großmutter hätte ihr den Reis gegeben, aber ich wusste, dass ihre Großmutter nicht wohlhabend war. Ich stellte auch fest, dass meine Frau jedes Mal, wenn sie wieder zu uns nach Hause kam, schwächer wirkte.

Schließlich kam ich nicht mehr umhin, sie zu fragen, woher sie den Reis bekam.

Zuerst sagte sie nichts, doch ich bedrängte sie, bis sie mit der Wahrheit herausrückte. Offenbar ging sie jedes Mal, wenn sie sagte, sie fahre zu ihrer Großmutter, zu einer Station für Bluttransfusionen in der Stadt Hamhung. Sie verkaufte ihr Blut, um Reis zu kaufen.

Ich blickte einfach in den Himmel.

Sie sollten wissen, was uns in der Schule in Nordkorea beigebracht wurde. »Die Menschen in Südkorea können nur überleben, indem sie Dinge stehlen und ihr Blut verkaufen.«

Was für eine Ironie!

Es war Juni 1982 und meine Frau war im letzten Monat ihrer zweiten Schwangerschaft. Monatelang hatte sie nur wenig zu essen gehabt, nur die üblichen Kräuter und wilden Pflanzen. Ich hatte unzählige Male gesehen, wie sie sich mit Magenkrämpfen krümmte, aber irgendwie hatte sie es bis zu diesem Punkt geschafft. Sie stand kurz vor der Entbindung.

Wir hatten kein Geld, und so konnte ich sie nicht in ein Krankenhaus bringen. Ich war verzweifelt auf der Suche nach ein wenig nahrhaftem Essen für sie – Seetang für eine Suppe und Schweinefleisch und Reis, um die Geburt zu feiern – doch das alles lag weit außerhalb unserer Möglichkeiten. Irgendwie konnte ich ein paar Eier, einen Beutel Reis und ein paar Daikon-Rettichblätter besorgen. Ich wollte meine Frau gut umsorgen, aber das war das Beste, was ich tun konnte.

Am Morgen des 4. Juni setzten bei Te-sul die Wehen ein. Ich sagte zu ihr, dass wir uns ins Krankenhaus begeben sollten, doch sie bestand darauf, die Geburt zu Hause abwickeln zu können.

Ich bemerkte, dass ihre Stirn feucht von Schweiß war. Ich brauchte ein weiches Tuch, aber ich hatte nur eine Garnitur Unterwäsche und meine Frau hatte nur zwei. Alles, was ich finden konnte, war ein abgenutzter Lappen.

Als ich etwas Wasser abkochte, fing sie an, lauter zu stöhnen. Ich massierte ihr den Rücken, doch das nutzte nicht viel. Im Laufe der nächsten Stunden wurde ich immer besorgter.

»Soll ich eine Hebamme rufen?«, fragte ich.

»Ich glaube, das Baby kommt bald, bleib also einfach nur bei mir«, sagte sie.

Das wiederholte sie immer wieder und sie wollte keinen meiner Vorschläge hören. Und ich wollte sie nicht allein lassen. Ich schickte die Kinder fort, sie sollten zu meinem Vater gehen; Ho-chol war diesen Weg schon oft gegangen, und ich konnte davon ausgehen, dass sie dort an einem sicheren Ort und uns erst einmal aus dem Weg waren.

Im Zimmer war es glühend heiß, das Wasser kochte und ich schwitzte heftig. Ich konnte mir kaum vorstellen, wie sich meine Frau jetzt fühlen musste. Sie spannte sich an und krümmte sich, doch noch immer wollte das Baby nicht kommen. Bevor ich es bemerkte, war die Sonne untergegangen.

Sie klammerte sich an mich und fing an zu pressen. Jedes Mal wenn sie presste, verlor sie eine Menge Blut. Wir waren beide davon vollgespritzt. Sie bebte von den unablässigen Schmerzen und wurde von Minute zu Minute schwächer. Ich schüttete ihr ein rohes Ei in den Mund, um ihr ein bisschen Energie zu geben, aber das half nur wenig. Gegen 22 Uhr an jenem Abend blutete sie immer noch und war praktisch bewusstlos.

»Komm, Engel! Du musst aufwachen! Wir brauchen dich. Wir brauchen dieses Baby. Du kannst uns jetzt nicht aufgeben!«, schrie ich.

Sie klammerte sich an mich und wurde immer wieder bewusstlos. Sie grub ihre Nägel in meine Handflächen. Da war noch mehr Blut. Eine weitere Stunde verging und ihr Gesicht wurde gespenstisch weiß. Der Schweiß auf ihrer Stirn verschwand. Sie sah aus wie eine Leiche und ihr Atem wurde flacher und schwächer. Doch dann öffnete sie plötzlich die Augen und schaute mich an. Diesen starrenden Blick werde ich nie vergessen.

Ihr Gesichtsausdruck war eine seltsame Mischung aus Schock und Freude.

Ich schaute nach unten. Der Kopf des Kindes kam hervor. Kim keuchte unter Todesqualen.

»Das machst du toll! Das Baby kommt! Press nur noch einmal! Du schaffst es!«, brüllte ich.

Doch das Gesicht des Babys wurde blau. Ich hatte keine Ahnung, was ich da tat, aber ich legte meine Finger um den Hals des Kindes und versuchte, den kleinen Körper vorsichtig hervorzuziehen.

Meine Frau schrie auf. Sie wirkte, als könne sie es keinen Moment länger ertragen. Ich brannte vor Schuld und Scham. Ich konnte ihr kein anständiges Leben bieten. Aber ich konnte sie oder das Baby nicht sterben lassen.

Während ich so vor ihr kniete, nicht wissend, was ich tat, und versuchte, meine Frau und mein Baby am Leben zu erhalten, hörte ich immer wieder die Stimmen jener Bastarde von der Liga, damals in Japan. »Paradies auf Erden ... Dort wirst du glücklich sein ... Endlich von Armut befreit ... Unabhängig.« Und ich dachte: Warum sollen wir in diesem Höllenloch eines qualvollen Todes sterben? Das könnt ihr vergessen! Wir können es nicht zulassen, dass diese Bastarde gewinnen.

Ich flüsterte meiner Frau ins Ohr: »Wenn du jetzt stirbst, war alles umsonst. Bleibt bei mir, und besiegen wir die ganze Bagage!«

Meine Frau presste ein letztes Mal. Sie stieß einen markerschütternden Schrei aus, der aus den Tiefen des Universums zu kommen schien. Und dann rutschte das Baby zu meiner totalen Überraschung in einer einzigen sanften Bewegung heraus.

Te-sul lehnte sich völlig erschöpft zurück.

Ich durchschnitt die Nabelschnur und wickelte das Baby in den alten Lappen, den ich gefunden hatte. Ich wartete darauf, dass es anfing zu schreien, aber das tat es nicht.

»Bitte schrei! Bitte!«, rief ich. Und dann schrie es! Ich vermute, meine laute Stimme hatte es aufgeschreckt.

Kaum hatte meine Frau das Baby schreien hören, wurde sie ohnmächtig. Ich legte das Baby direkt neben sie und stürzte aus dem Haus. Unsere nächsten Nachbarn lebten fast fünfhundert Meter entfernt. Ich rannte zu ihnen hinüber und hämmerte gegen die Tür. Die Frau, die dort wohnte, war schockiert, als sie sah, wie sehr ich mit Blut bespritzt war, aber als ich ihr erst einmal die Situation erklärt hatte, eilte sie mit hinaus, um zu helfen. Als sie unser Haus betrat, starrte sie entsetzt auf die Szenerie und fing an zu weinen.

»So etwas Trauriges hab ich in meinem ganzen Leben noch nicht gesehen!«, sagte sie.

Überall war Blut. Der ganze Boden war voll davon. Und alles, was wir hören konnten, war das Weinen des Babys.

Ich bat die Frau, auf meine Frau und mein Baby aufzupassen, während ich zur Klinik rannte. Ich schlug gegen die Tür und weckte den Arzt auf. Es war der Mann, den ich vor so vielen Jahren zusammengeschlagen hatte, aber ich schluckte meinen Stolz hinunter, begab mich auf alle viere und senkte meinen Kopf bis zum Boden.

»Es ist sehr ernst. Meine Frau und mein Baby sind in lebensbedrohlicher Gefahr. Bitte kommen Sie mit mir«, bettelte ich.

Er sagte kein Wort. Er drehte sich nur um und ging zurück in die Klinik. Mir sank das Herz.

Ich hätte es wissen müssen, dass er mich wieder verjagen würde.

Doch dann hörte ich ihn sagen: »Lass uns gehen.«

Er kam aus der Klinik heraus und wir rannten durch die Dunkelheit zu meinem Haus.

Als wir eintrafen, drehte er sich entsetzt zu mir um.

»Du musst sie ins Krankenhaus bringen. Sofort.«

Ich trug sie auf meinem Rücken ins Krankenhaus, während die Nachbarin bei dem Baby blieb. Hätten irgendwelche Leute versucht, mich abzuweisen, ich glaube, ich hätte sie umgebracht. Aber die Wärter konnten den Ernst der Lage erkennen. Oder in meinen Augen sehen. Sie ließen mich herein und ich legte meine Frau auf ein Bett. Das Licht der Morgendämmerung begann durch die Dunkelheit zu dringen. Die Station war nach Osten ausgerichtet und bald strömte das Sonnenlicht durch die Fenster herein. Am Morgen zuvor hatte ich den Sonnenaufgang beobachtet, aber seither schienen eine Million Jahre vergangen zu sein.

Ich nannte das Baby Ho-son. Meine Frau hatte ihm das Leben geschenkt, deswegen empfand ich es als meine Aufgabe, mich um die Gesundheit des Kindes zu kümmern. Aber meine Frau war unterernährt. Solange sie sich noch im Krankenhaus erholte, konnte sie Ho-son nicht selbst ernähren, daher musste ich im Dorf herumfragen, ob ihn jemand stillen könnte, so wie ich das damals schon getan hatte, als mein erster Sohn noch ein Baby gewesen war.

Täglich erkundigte ich mich im Dorf, doch die Leute waren sehr abweisend. In gewisser Hinsicht konnte ich ihnen das nicht verübeln. Die Lebensmittelversorgung war furchtbar – noch viel schlimmer als zu der Zeit, zu der Ho-chol geboren worden war. Die Freundlichkeit der Menschen war aus ihnen herausgequetscht worden. Sie kämpften selbst ums Überleben.

Dennoch habe ich weiterhin in seinem Namen gebettelt. Aber die Leute hörten nicht zu. Einige haben mich sogar beschimpft. Den schlimmsten Moment jedoch erlebte ich, als jemand sagte: »Willst du mich verarschen? Denkst du, es interessiert mich, ob dein Baby lebt oder stirbt?«

Nach einem Monat wurde Te-sul aus dem Krankenhaus entlassen, aber sie war noch immer in einem sehr schlechten Zustand. Sie konnte Hoson noch immer nicht richtig stillen, sodass er die ganze Zeit schrie. Die baufällige Hütte, die ich in Hamju errichtet hatte, war kalt und unwirtlich, deshalb fragte ich meinen Vater, ob meine Familie bei ihm in Dong Chong-ri wohnen könnte. Dann sprang ich über meinen Schatten und reichte bei der zentralen Parteiorganisation einen Antrag ein. Seit unser erstes Haus 1964 durch einen Brand zerstört worden war, hatte ich nie wieder in staatlich vermitteltem Wohnraum gelebt. Obwohl die Regierung allen Arbeitern ein Haus oder eine Wohnung zur Verfügung stellen sollte, gab es so viele Menschen, die nach einer Wohnstatt suchten, und so wenige freie Wohnungen, dass man keine Chance hatte, eine zu bekommen, wenn man keine engen Verbindungen zur Partei besaß.

Trotzdem habe ich es versucht. Ich erklärte in meinem Antrag, dass ich verheiratet sei, aber nicht mit meiner Frau und meiner Familie zusammenwohnen könne, weil ich weit entfernt von unserem Zuhause arbeitete. Wir bräuchten dringend eine Heimstatt. Bla bla bla. Ich hatte nicht gedacht, dass dabei viel herauskommen würde, doch sechs Monate später kam ein Mann vom Wohnungsamt, um meine Situation zu begutachten. Zuerst dachte ich, dies bedeute, dass wir vielleicht doch eine Chance haben könnten. Aber wie üblich wurden meine Hoffnungen schnell wieder enttäuscht.

Nachdem er sich umgeschaut hatte, wandte sich der Mann mir zu und sagte wichtigtuerisch: »Du hast korrekte Unterlagen zum Erhalt einer Wohnung eingereicht, aber warum hast du sie nicht beim Büro des Landkreises vorgelegt? Warum hast du sie der zentralen Parteiorganisation geschickt? Du hast uns beleidigt und meine Zeit verschwendet. Weißt du nicht, wo du hingehörst? Benimm dich gefälligst!«

Benimm dich? Ich traute meinen Ohren nicht. Hielt er mich für ein kleines Kind? Doch ich musste vorsichtig sein. Ich durfte kein Risiko eingehen und die Partei beleidigen. Ich entschuldigte mich kleinlaut und verspürte den üblichen Anflug von Verzweiflung.

Ich konnte meiner Familie kein richtiges Dach über dem Kopf bieten, meine Arbeit nicht behalten und würde wohl nie in der Lage sein, ein anständiges Leben zu führen. Doch kurze Zeit später hörte ich, dass in der Fabrik für Forstwirtschaftsmaschinen in Hamhung ein Traktorfahrer gebraucht würde. Ich erzählte ihnen, dass ich einen Traktorführerschein hatte, und bekam die Stelle irgendwie. Das Ganze wurde unter der Hand geregelt, da der Arbeitsplatz offiziell nicht existierte, aber das war mir egal.

Hamhung ist eine Industriestadt mit fürchterlicher Umweltverschmutzung und dem erschreckendsten Smog, den ich je gesehen habe. Die Fabrik, in die ich zum Arbeiten ging, hatte Wohnungen für ihre Mitarbeiter, aber keine davon war frei. Nicht, dass es einen Unterschied gemacht hätte, wäre eine frei gewesen, da mein Job ja nicht offiziell war. Wie hätten sie meine Familie in ihrem Papierkram berücksichtigen sollen?

Nachdem sie eine Zeit lang bei meinem Vater in Dong Chong-ri untergebracht gewesen waren, zogen meine Frau und die jüngeren Kinder nach Hamju, wo sie bei meinen Schwiegereltern wohnten. Ho-chol blieb bei meinem Vater. Ich hasste es, dass wir alle getrennt waren, aber wir hatten keine andere Wahl. Mir kam es so vor, als würde ich, egal, was ich tue, meine Familie immer wieder im Stich lassen. Ich wollte einfach nur, dass wir alle glücklich zusammenleben konnten.

Ich beschloss, ohne Genehmigung einen Raum in der Fabrik in Hamhung in Beschlag zu nehmen. Wenn es Essenszeit war, versicherte ich mich, dass niemand mehr da war, und entnahm dem Traktor ein klein wenig Benzin. Das benutzte ich, um auf einem Ölofen Reis zu kochen. Wieder mal *Juche* in Aktion: Autonomie, Unabhängigkeit, Selbstgenügsamkeit. Das hielt mich am Leben, aber es war eine elende Existenz. Nachts fühlte ich mich manchmal so einsam, dass ich schluchzte wie ein Kind.

An einem Donnerstag gab es einen Stromausfall. Dies war ein regelmäßiges Vorkommnis, und so war der Donnerstag zu einer Art inoffiziellem freien Tag geworden. An diesem speziellen Donnerstag nun lag ich auf meinem Futon und döste, als jemand anfing, gegen meine Tür zu hämmern.

»Bist du da?«

Ich sprang auf und öffnete die Tür. Einer meiner Kollegen, der wusste, wo ich mich verbarg, stand da. Es stellte sich heraus, dass die Polizei die Fabrik kontaktiert hatte. Es hatte etwas mit Ho-chol zu tun.

Ich rannte zur Polizeiwache von Hamhung – und da war er und saß mit gesenktem Kopf auf einem Stuhl. Als er mich sah, eilte er herbei, um mich zu umarmen.

Er war auf seinem Weg zur Schule gewesen, doch aus irgendeinem Grund wollte er mich unbedingt sehen. Also sprang er in einen Zug, ohne einen Fahrschein zu kaufen. Als er in Hamhung ausstieg, wusste er nicht, wo er mich finden konnte, und so wanderte er einfach nur ziellos umher. Er erinnerte mich an mein jüngeres Ich, als ich vor so vielen Jahren die Straßen von Tokio nach meiner Mutter abgesucht hatte. Diebe hatten ihn überfallen, ihm die Schuhe und die Kleidung ausgezogen und ihn praktisch nackt auf dem Boden liegen lassen.

Er konnte nicht aufhören zu weinen.

»Weine nicht! Du bist ein Mann! Du musst stark sein!«, sagte ich, aber innerlich tat er mir leid.

Ich gab ihm meine Jacke und brachte ihn zurück zum Haus meines Vaters in Dong Chong-ri.

Ich lernte einen Mann kennen, der eine Fabrik für elektrische Glühbirnen in der Stadt Hamhung leitete und mir eine – natürlich inoffizielle – Stelle als Fahrer anbot. Er sagte, wenn ich sein Angebot akzeptieren würde, könne er mir eine Wohnung besorgen. Noch am selben Tag habe ich mich in die Fabrik geschleppt. Ich zog mit zwei alleinstehenden Männern zusammen, die in der Fabrik arbeiteten. So hatte ich zwar keine eigene Wohnstatt, doch die Dinge schienen sich zu bessern. Der Leiter versprach, er würde mir bis zum kommenden Winter eine Wohnung besorgen.

Er sagte, ich sei ein »hervorragender Arbeiter«. Ich fand überhaupt nicht, dass ich hervorragend war – nur durchschnittlich –, doch das genügte schon. Genau das ist der Punkt. Die Leute in Nordkorea verbringen so viel Zeit bei Studiensitzungen und mit dem Zusammenrechnen der Stunden, die sie gearbeitet haben, dass keine Zeit mehr bleibt, die eigentliche Arbeit zu leisten.

Die Folge? Rohstoffe kommen nicht in den Fabriken an, die Elektrizität funktioniert nicht und die Felder sind von Unkraut überwuchert. Aber solange die Leute ihre Lebensmittelrationen bekommen, ist ihnen das egal. Da meine Stelle inoffiziell war, musste ich am keinen Studienkreisen teilnehmen und war auch nicht gezwungen, unzählige Stunden für sinnlose Bürokratie aufzuwenden. So konnte ich mich der eigentlichen Arbeit widmen. Oder der normalen Arbeit, wie ich es als gewöhnlicher, durchschnittlicher Arbeiter sah. Doch in den Augen des Leiters war ich hervorragend.

Eineinhalb Jahre waren nun vergangen, seit sich meine Familie hatte aufteilen müssen. Aber ich freute mich, wenn ich daran dachte, dass mir in der Stadt Hamhung schon bald eine Wohnung zugesichert war, wo meine Frau und ich und unsere Kinder, wo wir alle wieder zusammenleben konnten. Ich habe all meine Kraft in die Arbeit gesteckt.

Ein paar Monate später war der Zeitpunkt gekommen, zu dem die Chinakohlrationen verteilt wurden. Im Winter erhielt jeder Arbeitsplatz einen Vorrat an Chinakohl für die »Winterlagerschlacht«. In Anbetracht des

Umstands, wie hart es war, den Winter in Nordkorea zu überleben, war »Schlacht« ein angemessener Begriff.

War man für die Partei wichtig, erhielt man mehr als jeder andere. War man jedoch ein Fabrikarbeiter, war die Zahl der Kohlköpfe, die man erhielt, von der Größe der Familie abhängig. Meine Aufgabe war es, die Kohlköpfe mit den Namen der Leute zu etikettieren, für die sie bestimmt waren. Ich schloss die Arbeit so schnell wie möglich ab und ging ins Büro.

»Sie haben mir gesagt, dass Sie zum Winter eine Wohnung für mich besorgen. Jetzt haben wir Winter«, sagte ich dem Leiter.

»Ich habe nur gesagt, dass ich darüber nachdenke«, meinte er. »Ich habe nichts versprochen.«

Darüber nachdenken? Das war nicht das, was er mir damals in Aussicht gestellt hatte.

Er wirkte sehr hilflos, ihm war wohl unbehaglich zumute, und so fing er an, seinen Papierkram durchzusehen.

Ich dachte mir, dass es wohl sinnlos war, eine Auseinandersetzung zu beginnen, und drehte mich um, um zu gehen. Aber dann nahm ich meine verdreckten Hände wahr. Durch das Hantieren mit all dem Chinakohl waren sie schmutzig geworden. Mit einem Mal war ich aufgebracht und kehrte um. »Macht es Ihnen Spaß, Leute zu bescheißen?«, fragte ich.

Ich packte ihn am Kragen und zog ihn aus seinem Büro heraus. Einige Arbeiter versuchten, mich zurückzuhalten, doch ich konnte meine Wut nicht kontrollieren. Wir flogen beide kopfüber in den Kohl.

Am nächsten Tag kam der Leiter der Fabrik zu mir. »Du kannst den Raum neben der Entwicklungsabteilung nutzen«, sagte er rundheraus.

Der war ein bisschen besser als eine Hütte. Er hatte keine Küche und war dem ständigen pochenden Lärm der Maschinen ausgesetzt. Trotzdem war ich froh, einen Ort in der Stadt Hamhung zu haben, an den ich meine Familie bringen konnte, und so fing ich an, einen koreanischen Ofen herzurichten, der den Boden von unten beheizen würde, und mit einer Mauer einen Küchenbereich abzutrennen.

Nach ein paar Tagen war der Raum einigermaßen wohnlich, und so bat ich meine Frau und die drei Kinder einzuziehen. Es war eng und laut, doch letztendlich waren wir nun zusammen. Zu dieser Zeit hatte Ho-chol die Schule schon hinter sich und verbrachte seine Tage damit, sich nach Arbeit umzusehen. Myong-hwa war in der Mittelschule und Ho-son in der Grundschule.

Die Fabrik recycelte Glasflaschen und produzierte daraus Glühbirnen. Doch einige der Flaschen waren aus farbigem Glas und konnten nicht recycelt werden. Die nahm ich dann mit und benutzte sie dazu, unsere Wohnung damit zu schmücken. Ich betrachtete sie als unseren Schatz.

Meine Fabrik und eine andere Fabrik beschlossen, sich zusammenzutun und einen fünfstöckigen Wohnblock zu bauen. Ich wusste, dass es irgendeinen Verantwortlichen für das Projekt gab, aber der war kein professioneller Ingenieur. Wir alle kannten die Geschichten. Wohnungen wurden gebaut, dann kam der Winter, und im Laufe des darauffolgenden Frühjahrs fielen die Gebäude wegen des minderwertigen Zements, der benutzt wurde, wegen ungeeigneter Stahlrahmen und wegen der Wintertemperaturen weit unter null Grad auseinander. Als ich von diesem Bauprojekt und dem fragwürdigen dafür Verantwortlichen hörte, hatte ich natürlich meine Zweifel. Doch die Leute, die dort leben sollten, beneidete ich trotzdem noch. Ich wusste nicht, wer dafür auserwählt werden würde, aber mir war klar, dass ich nicht dabei sein würde.

Allerdings geschah ein Wunder. Ein Bekannter schaffte es irgendwie, eine Wohnung für uns zu sichern. Wir waren ganz aus dem Häuschen, dass wir so viel Glück hatten.

Dann wurde mir noch mehr Glück zuteil. Einer der Direktoren der anderen Fabrik suchte mich auf. »Ich denke, wir könnten einander helfen. Es gibt eine Arbeit, die erledigt werden muss. Ich kann dich dafür nicht bezahlen, aber wenn du bereit wärst, sie zu übernehmen, kann ich dich bei deiner Wohnungseinrichtung unterstützen«, sagte er.

Der Direktor stand zu seinem Wort. Er installierte unter dem Fußboden einen koreanischen Ofen, besorgte uns eine anständige Tür und überließ uns einige Möbelstücke.

Unsere Wohnung lag im vierten Stock. Wir hatten eine Toilette und eine richtige Küche – ein unglaublicher Luxus. Es war das erste Mal, dass ich, seit das Haus meiner Familie in Flammen aufgegangen war, wieder in einer normalen Wohnung lebte; es war das erste Mal, dass meine Kinder überhaupt eine eigene Wohnung hatten.

Zu Beginn der Achtzigerjahre hatten sich die Dinge für die Rückkehrer tatsächlich zum Besseren gewandelt. Rückkehrer erhielten regelmäßig Geld von ihren Verwandten in Japan und ein paar Auserwählte konnten sie sogar besuchen. Ein paar Auserwählte, wohlgemerkt. Sie wurden als Mitglieder der Heimatland-Delegationen bezeichnet. Ich konnte nie ganz herausfinden, welches Heimatland gemeint war oder wie diese Leute ausgewählt wurden, und ganze Familien hatten natürlich keine Chance, Verwandte zu besuchen. Wer wäre denn je nach Nordkorea zurückgekehrt, wenn er all seine Lieben bei sich gehabt hätte? Diejenigen, die zu Besuchen fahren konnten, kamen mit harter Währung und Alltagsprodukten zurück, die im verarmten Höllenloch Nordkorea der Gipfel des Luxus waren. Während die Rückkehrer wohlhabender wurden, veränderte sich die Haltung der Partei ihnen gegenüber. In alten Tagen wären die Rückkehrer, hätten sie auch nur ein falsches Wörtchen gesagt, eliminiert oder in ein Konzentrationslager gesteckt worden. Nun wurden sie als positive Bereicherung gesehen, und deshalb begann die Partei, sie besser zu behandeln. Ein raffinierter Schachzug, wie sich herausstellte. Es eröffnete die Möglichkeit, Leute als Geiseln zu benutzen.

Auch der Schwarzmarkt florierte. Offenbar prosperierte der Schwarzmarkt, je mieser es einem Land ging, desto mehr. Hatte man das große Glück, Geld aus Japan zu erhalten, konnte man sich Reis oder Fleisch kaufen. Der Preis dafür war zehnmal höher als der offizielle, doch wenn man Zugang zu ausländischer Währung hatte, spielte das keine Rolle. Gestern war man noch als gesellschaftlicher Außenseiter am Tiefpunkt herumgekraucht, doch nun konnte man plötzlich Parteimitglieder zum Abendessen empfangen. Gestern war man bloß ein weiterer »Feindseliger« gewesen. Heute wurde man in der Gemeinschaft willkommen geheißen.

Wir jedoch waren nicht in der Position, uns eines solchen Glücks zu erfreuen. Unsere Verwandten in Japan hatten uns abgeschrieben. Die Leute, die mit uns als Rückkehrer hergekommen waren, verspotteten und verachteten uns und wollten nichts mit uns zu tun haben. Diese Heuchelei konnte ich kaum ertragen. Ich mühte mich für irgendeine Arbeit ab, die ich finden konnte, um wenigstens einen bescheidenen Lebensunterhalt zu verdienen, während sie ihren Verwandten auf der Tasche lagen und dann in ihrem unverdienten neuen Status schwelgten.

Meine Kinder waren alt genug, das Missverhältnis zwischen dem, was wir hatten, und dem, was andere hatten, bewusst wahrzunehmen. Eines Tages fragte eines von ihnen: »Papa, warum haben wir denn keine schönen Sachen? Alle anderen Rückkehrer haben Kühlschränke und Fernseher. Sie kriegen von ihren Verwandten in Japan alle möglichen Geschenke. Du hast doch mal gesagt, unser Großvater hätte in Japan tolle Sachen gemacht.«

Was mein Herz mehr als alles andere brach, war der Umstand, dass sie nicht wie ihre Klassenkameraden am Taekwondo teilnehmen durften, weil ich es mir nicht leisten konnte, ihnen die richtigen Anzüge dafür zu kaufen. So saßen sie einfach da, am Rande des Übungsraums, und schauten den anderen Kindern beim Mitmachen zu. Es waren nicht einmal meine Kinder, die mir das erzählten; ich habe es über die Eltern ihrer Klassenkameraden erfahren. Myong-hwa und Ho-son war klar, dass es besser war, mich gar nicht erst danach zu fragen, ob ich ihnen Taekwondo-Anzüge kaufen würde. So versuchten sie, mir den Schmerz und die Erniedrigung zu ersparen, indem sie das Thema gar nicht erst ansprachen.

Im Herbst 1984 fand ich eine neue Stelle, diesmal in einem Zentrum für Lebensmittelverteilung. Hier wurden Produkte verschiedener Fabriken zusammengeführt und dann zu Auslieferungsstellen in die einzelnen Bezirke gebracht. Die von der Regierung festgelegten Preise waren im ganzen Land die gleichen. Die gelieferte Menge hing ab von der Größe der örtlichen Bevölkerung.

Einer meiner Arbeitskollegen dort besorgte mir schließlich einen Posten in der Verteilungsstelle für Sojabohnenpaste und Sojasauce. Jede Arbeit, die etwas mit Lebensmitteln zu tun hatte, war eine Eintrittskarte in ein besseres Leben. Auf diese Weise bekam man nicht nur Zugang zu Lebensmitteln für die eigene Familie, sondern auch zu hohen Tieren der Partei. Spielte man seine Karten richtig aus und brachte genügend Leckerbissen auf den Weg, konnte man im Gegenzug Fernseher oder Kühlschränke oder andere Vergünstigungen erhalten. Im Westen, nehme ich an, würde man das Korruption nennen. In Nordkorea war es schlicht die übliche Vorgehensweise. Plötzlich hatte ich Zugang zu Sojabohnenpaste und Sojasauce. Es kam überhaupt nicht infrage, dass ich mir eine solche Gelegenheit entgehen ließ.

Wenn ich Sojabohnenpaste und Sojasauce in die nahe gelegenen Dörfer lieferte, kam ich nicht umhin festzustellen, wie dünn und erschöpft die Bauern wirkten. Sie hatten alle das gleiche verhärmte und ausgehungerte Aussehen. Eigentlich sollten sie eineinhalb Pfund Lebensmittel pro Tag erhalten, doch sie bekamen nur die Hälfte dieser Menge. Es brachte nichts, dass sie ständig zum militärischen Training oder anderen dringenden Dingen von ihrer Arbeit abkommandiert wurden. Weil sie dadurch nicht in der Lage waren, sich um ihr Land zu kümmern, rottete alles vor sich hin. Ich habe zahllose Felder von Landwirtschaftsbetrieben gesehen, die von Unkraut überwuchert waren, schlicht weil die Bauern keine Zeit hatten, sich um sie zu kümmern.

Um diese Zeit entwickelte sich zwischen Ho-chol und seiner Stiefmutter ein Zerwürfnis. Halbwüchsige Söhne und ihre Stiefmütter kommen nicht miteinander zurecht; das scheint ein Naturgesetz zu sein. Er war in der Pubertät und wurde sprunghaft. Meine Frau war auch zu ihren eigenen Kindern auf Distanz gegangen und hatte sich zurückgezogen. Sie schien sich in sich selbst zurückzuziehen. Ho-chol kehrte in unser Dorf, Dong Chong-ri, zurück, um eine Weile bei meinem Vater zu leben. Ich fragte meinen Vorgesetzten, ob er eine Stelle für ihn in der Gegend um Hamju hätte – in der Lebensmittellagerung, irgendeine Arbeit, die ihn vor der undankbaren Plackerei eines Landarbeiters bewahren würde, der einzigen Möglichkeit, die er hätte, wenn er in Dong Chong-ri blieb. Mein Vorgesetzter bekam es tatsächlich hin, einen Job für Ho-chol zu organisieren – ein seltener Glücksfall.

An Ho-chols siebzehntem Geburtstag am 25. März 1989 log ich meine Frau an. Ich sagte ihr, ich ginge zur Arbeit, doch als ich das Haus verließ, nahm ich ein wenig Brot mit und ging meinen Sohn besuchen. Ich hatte ihn zwei Monate lang nicht gesehen und er sah inzwischen erwachsener aus als zuvor. Wir gingen zum Fluss und aßen gemeinsam ein Mittagsmahl. Wir teilten uns den Maisreis und das Brot, das ich mitgebracht hatte. Ein Geburtstagsfestmahl war das nicht gerade, aber es schmeckte gut.

Wir freuten uns, miteinander zu plaudern, doch als wir auf das Thema Vergangenheit und alles, was wir durchgemacht hatten, kamen, konnte ich nicht anders und musste weinen. Er versuchte, mich zu trösten, musste aber schließlich auch weinen. Er war schon immer ein einfühlsames Kind gewesen, und als er zu einem Mann heranwuchs, war er einer der wenigen Menschen in der Welt, bei denen ich das Gefühl hatte, dass sie mich wirklich verstanden. Ich versuchte, ihm einen Rat zu geben.

»Werde erwachsen. Heirate und lerne auf deinen eigenen Füßen zu stehen, denn ich habe absolut keine Ahnung, was mit mir geschehen wird. Wenn du krank bist, wenn du Hilfe brauchst, sag es mir einfach, okay? Für dich werde ich immer alles tun, was ich tun kann.«

Wir schüttelten uns fest die Hände und gingen auseinander.

Nur wenige Tage später lud mich ein Polizist vor. Er behauptete, mein Sohn hätte eine Ziege gestohlen, und verlangte von mir, dass ich sie bezahle. Ich ging sofort zu meinem Sohn, um herauszufinden, was passiert war.

Als ich ihn antraf, sah ich, dass er im ganzen Gesicht blaue Flecken hatte.

»Ich habe nichts Falsches getan. Ich wurde verleumdet«, sagte er.

Er erklärte, an seinem Arbeitsplatz gebe es rund vierzig Arbeiter; er war der Jüngste. Einige schwarze Schafe, die dort arbeiteten, hatten aus dem Vorratsschuppen des Dorfes Kartoffeln und Zuckermais gestohlen. Schlimmer noch, sie hatte auch ein paar Haustiere getötet und aufgegessen. Dann hatten sie alles meinem Sohn in die Schuhe geschoben.

»Sie sagten mir: ›Du bist ein Rückkehrer und sehr jung, deshalb wird man dich mit mehr Nachsicht behandeln. Nimm also die Schuld für alles auf dich, okay?‹ Ich hatte nicht das Gefühl, eine Wahl zu haben.« Seine Stimme zitterte.

Und dann erzählte Ho-chol mir, dass sie ihn zusammengeschlagen hatten.

Ich schaute meinen Sohn an. Ich wusste, dass er nichts falsch gemacht hatte. Beim Anblick seiner blauen Flecken brach mir das Herz.

»Hör zu! Du musst stark und tapfer sein! Wenn du überleben willst, musst du lernen, deine eigenen Schlachten zu schlagen«, sagte ich.

Dann ging ich, sehr besorgt. Kaum war ich zu Hause, fing die Polizei wieder an, mich zu bedrängen. Sie behaupteten, wenn ich die Entschädigung nicht zahlen würde, würde mein Sohn in ein Konzentrationslager geschickt werden. Mir wurde ganz schlecht. Das durfte ich auf keinen Fall geschehen lassen.

Mir kam die Idee, ihn als letzten Ausweg beim Militär unterzubringen. Das würde ihm zumindest aus seinen aktuellen Schwierigkeiten heraushelfen. Also ging ich zum örtlichen Rekrutierungszentrum und sagte, mein Sohn wolle unbedingt zum Militär gehen. Ich bot ihnen sogar etwas Sojabohnenpaste und Sojasauce an, um ihnen den Deal zu versüßen.

Obwohl sie anfänglich Nein sagten, gab ich nicht so schnell auf. Jeden Tag nach der Arbeit ging ich wieder hin. Oh, ich wusste, dass meine Erfolgsaussichten gering waren, aber was hatte ich zu verlieren? Wenn mein

Sohn nicht zum Militär gehen konnte, würde er verhaftet werden. Er würde verschwinden. Ich war verzweifelt.

Schließlich warfen sie mich aus dem Rekrutierungszentrum raus. Wieder einmal waren all meine Hoffnungen zunichtegemacht worden.

Am nächsten Tag ging ich Ho-chol besuchen. Ich beschloss, ihn wieder zu mir nach Hause, in die Stadt Hamhung, mitzunehmen. Ich erzählte ihm, wie ich – leider vergeblich – versucht hatte, ihn im Rekrutierungszentrum registrieren zu lassen. Seine beste Chance wäre es, wenn er für eine Weile verschwinden und sich bedeckt halten könnte, bis sie ihn vergessen hätten.

Als wir darauf warteten, in den Zug einsteigen zu können, standen ein paar junge Männer in Militäruniformen vor dem Bahnhof. Es waren neue Rekruten. Sie lächelten, hielten ihren Eltern die Hände und wirkten mit sich selbst ganz zufrieden. Einige von ihnen machten Erinnerungsfotos. Ich konnte mir die Bildunterschrift vorstellen: DER TAG, AN DEM SICH UNSER SOHN DEM MILITÄR ANSCHLOSS. Eine glückliche Erinnerung.

Mein Sohn begann zu weinen, es waren aber keine Tränen der Freude. Sein Anblick trieb auch mir Tränen in die Augen. »Vater! Bitte weine nicht auch noch! Du hast, seit ich geboren wurde, so viel für mich getan. Ich weiß das, und die Leute aus dem Dorf haben mir auch davon erzählt. Du hast so viele schwere Zeiten durchgemacht; ich weiß, du hast alles getan, was du tun konntest.«

Daraufhin brach ich völlig zusammen. Ich nahm ihn in den Arm und fing an, obwohl der Bahnhof voller Leute war, laut zu schluchzen.

Die neuen Rekruten machten sich nun stolz auf den Weg zum Bahnsteig. Plötzlich hatte ich eine Idee. Ich sagte meinem Sohn, er solle in den gleichen Zug steigen. Ich dachte, vielleicht könnte er sich mit ihnen zusammenschließen und letztlich mit ihnen in der Ausbildung landen. Es traf mich aber auch, dass ich ihn vielleicht nie wiedersehen würde. Ich wollte ein Foto mit ihm machen, aber das war natürlich unmöglich.

Ich gab ihm zehn Won. Das war alles, was ich hatte.

»Pass auf dich auf. Ich glaube, die Polizei wird dich nach einer Weile vergessen, versuche deshalb, bis dahin das Beste daraus zu machen«, sagte ich.

»Mach dir keine Sorgen, Vater. Ich werde dich kontaktieren, sobald es mir möglich ist. Ich werde bestimmt zurückkommen und dich finden.«

Er bestieg den Zug. Die Türen schlugen zu. Ein trostloser Pfiff erklang. Dann setzte sich der Zug in Bewegung.

Ich schaute nach meinem Sohn, aber ich konnte ihn nicht mehr sehen. Heiße Tränen nahmen mir die Sicht.

Ich winkte, bis der Zug außer Sichtweite war.

Nach der Abfahrt meines Sohnes machte ich mir Sorgen, dass es mich aus der Bahn werfen könnte, daher fragte ich meinen Vater und meine Schwester, ob wir kommen und mit ihnen in Dong Chong-ri leben könnten. Eigentlich genossen die Bürger keine Freizügigkeit. Aber da wir aus dem System gefallen waren, konnten wir umziehen, ohne dass die Polizei einbezogen werden musste. Nur selten waren sie hinter Leuten wie uns her; normalerweise waren sie dazu jedoch zu faul.

Wir zogen also zurück zu meinem Vater und meiner Schwester Masako. Man gab uns den Spitznamen »die mittellosen Rückkehrer«. Myong-hwa und Ho-son vermissten ihren älteren Bruder sehr. Ich konnte sehen, dass sie sich Sorgen um ihn machten, auch wenn sie sich bemühten, solche Gedanken für sich zu behalten. Ho-chol hatte sich, seit sie Babys gewesen waren, wie ein weiterer Elternteil immer um sie gekümmert. Offensichtlich spürten sie seine Abwesenheit sehr deutlich; mein eigener Schmerz, weil ich ihn vermisste, wurde dadurch noch schlimmer.

Eines Tages, als mein Vater allein zu Hause war, klopfte ein junger Mann an seiner Tür. Mein Vater erkannte ihn sofort als einen der Strolche, die auf der Straße herumlungerten.

»Verkauf das an einen reichen Rückkehrer! Wenn du es verkaufst, kannst du vom Gewinn etwas abhaben«, sagte er zu meinem Vater.

Und was war das für ein wunderbarer Gegenstand, den er vor dem Gesicht meines Vaters schwenkte? Ein Robbenpenis, kein Scherz. Das war in der chinesischen Medizin offensichtlich etwas von großem Wert. Jede Art von Medizin war in Nordkorea schwer zu besorgen, und daher war davon auszugehen, dass so etwas einen hohen Preis erzielen konnte. Der Strolch drückte meinem Vater den Penis in die Hand und rannte davon, bevor er auch nur antworten konnte.

Mein Vater roch eine Falle. Es war bekannt, dass wir arm waren; der Strolch musste das gewusst haben. Was erhoffte er sich also von uns? Warum verkaufte der Mistkerl das Ding nicht einfach selbst? Warum wollte er auf einen Teil des Gewinns verzichten? Doch letzten Endes dachte mein Vater sich: Na ja, wenn ich damit ein bisschen Geld verdienen kann ...

Das stellte sich als ein fataler Fehler heraus.

Er machte sich auf den Weg, um einen Käufer zu finden, und bevor er sich umsehen konnte, schnappte ihm ein anderer Strolch den Penis weg. Obwohl mein Vater vierundsiebzig Jahre alt war, war er im Kopf doch noch jung. Was machte er also?

Er versuchte, seinem Angreifer hinterherzujagen. Doch seine Beine schafften das nicht mehr.

»Dieb! Dieb! Haltet den Dieb!«, schrie er.

Niemand schenkte ihm auch nur die geringste Aufmerksamkeit. Solche Dinge geschahen in Nordkorea ständig. Mein Vater verlor den Mann aus den Augen und kehrte nach Hause zurück.

Am Abend desselben Tages kam der erste Strolch wieder zu unserem Haus.

»Ich habe jemanden gefunden, der den Robbenpenis kaufen will. Ich brauche ihn zurück«, sagte er.

»Glaubst du, ich bin von gestern? Meinst du, ich erkenne eine Betrugsmasche nicht, wenn sie mir ins Gesicht starrt?«, sagte ich.

»Wage es bloß nicht, eine falsche Anschuldigung gegen mich zu erheben, sonst schlag ich dich krankenhausreif, du Stück Scheiße.«

»Weißt du, wo du dir diesen Robbenpenis reinschieben kannst?« Ich schlug ihm die Tür vor der Nase zu.

Er ging, aber er kam immer wieder. Tag für Tag. Wenn ich nicht da war, verprügelte er meinen Vater und meine Schwester. Dann lud die Polizei meinen Vater vor. Als er nach Mitternacht zurückkam, war sein Gesicht grün und blau. Die Innenseite seines Mundes war aufgeplatzt und seine Lippen waren blutverschmiert.

Irgendein knallharter junger Polizist hatte ihn verprügelt und dabei ständig von dem Robbenpenis gesprochen. »Wo ist er, du Bastard? Wir sind in Nordkorea. Leg dich besser nicht mit dem Gesetz an. So fühlt es sich an, wenn du dich mit dem Gesetz anlegst.« Und dann ging die Prügelei weiter. In der Vergangenheit war mein Vater dafür bekannt gewesen, dass er sich sehr gut verteidigen konnte, doch die Zeiten waren vorbei und der Ort war ein anderer. Er konnte nichts sagen oder tun. Ich war genauso hilflos. Ich war wütend, dass dieser Strolch ihn so hereingelegt hatte, aber ich wusste, dass die Polizei mir nie zuhören würde. Gegen die Korruption kam man nicht an.

Von diesen brutalen Schlägen erholte sich mein Vater nie so recht. Während er immer schwächer wurde, rief ich mir Bilder von ihm damals in Japan ins Gedächtnis zurück. Der Tiger. Unglaublich muskulös. Von 1994 an konnte er nicht mehr auf den eigenen Beinen stehen und verbrachte seine Tage im Bett. Bald konnte er nicht einmal mehr den dünnsten Brei verdauen.

Eines Tages rief er uns alle an sein Bett. »Ich sterbe«, sagte er. »Aber ihr müsst weiterleben. Ihr müsst zurück nach Japan gehen. Auf die eine oder andere Weise, ihr müsst. Und wenn ihr es dorthin zurückschafft, erzählt allen, dass ich tot bin. Meine alten Freunde werden euch weiterhelfen.« Meine Kinder weinten und riefen: »Großvater! Großvater!«

Ich bemühte mich verzweifelt, irgendeine Medizin für ihn zu besorgen, doch wir hatten überhaupt kein Geld. Sein Zustand verschlechterte sich schnell. Bald konnte er kaum noch atmen und kurz danach sprach er auch nicht mehr.

Eines Nachmittags winkte er mich herbei. Als ich bei ihm war, versuchte er zu sprechen, aber ich konnte nichts verstehen. Schließlich begriff ich, dass er die winzige Hacke haben wollte, mit der meine Mutter Wurzelgemüse und Bergkräuter ausgegraben hatte. Ich hatte keine Ahnung, wozu er die wollte, aber einem sterbenden Mann verwehrt man nichts.

Kaum hatte ich sie ihm übergeben, versuchte er, sich das Ding in den Rachen zu schieben.

Ich nahm es ihm aus der Hand. »Was zum Teufel machst du da?«, schrie ich.

Er deutete auf seine Kehle. Sie war von Schleim blockiert und er rang nach Luft.

Seine Atmung wurde flacher. Mein Sohn und meine Tochter massierten seine Arme und Beine im Bemühen, seinen Kreislauf anzuregen.

Nach einer Weile blickte er mit weit geöffneten Augen zu mir auf. Diesen starren Blick werde ich nie vergessen. Er öffnete seinen Mund, um zu sprechen, doch all seine Kraft war verflogen. Wir konnten nur noch sein schweres Atmen hören. Dann schloss er seine Augen.

Ungefähr zwanzig Minuten lang schnarchte er, und ich redete mir ein, dass er es schaffen könnte.

Doch dann hörte das Schnarchen auf. Im Zimmer war es still. Der als der Tiger bekannte Mann war tot.

Ich begrub ihn auf der Rückseite des Berges von Dong Chong-ri, mit Blick zum Meer. So konnte er Südkorea sehen, seine Heimat. Seine Beerdigung war für das Verwaltungsbüro der Fabrik, in der ich arbeitete, eine routinemäßige Angelegenheit. Ich wusste nicht, wo Eiko war, daher konnte ich sie nicht einmal über den Tod unseres Vaters informieren. Hifumi schickte ich ein Telegramm, doch sie kam nicht rechtzeitig an. Mein Vater hatte im

Laufe seines Lebens so viele Freunde gehabt und über die Jahre so vielen Menschen geholfen, doch als er zur letzten Ruhe gelegt wurde, ließ sich niemand von ihnen blicken.

Ich weiß noch immer nicht, wie mein Vater sein ruiniertes Leben gesehen hat. Ich werde es auch nie wissen. Er wusste, dass er von der Liga hintergangen worden war, aber er klagte nie wirklich über sein Schicksal. Spürte er bei alldem eine Art fehlgeleiteten Patriotismus? Ich werde es nie erfahren. Natürlich habe ich ihn geliebt, doch da gibt es Dinge, die ich an ihm nie verstehen werde.

Einige Zeit nach seinem Tod informierte meine Schwester Masako meine Frau und mich, dass sie eine Arbeit gefunden habe und mit ihren beiden Stiefkindern ausziehen würde. Ich wusste nicht, was für eine Arbeit sie gefunden haben könnte, denn es waren keine Arbeitsplätze zu haben. Doch vielleicht wollte sie einfach deshalb gehen, weil es nicht genug zu essen für alle gab. Nachdem sie ausgezogen waren, fühlte ich mich sehr leer und allein.

Ein paar Wochen später platzten ihre beiden Stiefkinder mitten in der Nacht in unser Haus. Ihre Mutter werde von einer ganzen Gruppe von Leuten verprügelt, schrien sie verzweifelt. Ich musste etwas unternehmen.

Sie führten mich durch die eisigen Straßen dorthin, wo sie jetzt lebten. Fünf junge Männer saßen in einem pechschwarzen Raum um meine Schwester herum.

Ein Mann versuchte, den Eingang zu versperren. »Bist du ihr Bruder? Ich habe ihr zehntausend Yen geliehen. Wenn du mir das nicht zurückzahlen kannst, werde ich die Schlampe umbringen«, sagte er mit sehr tiefer Stimme.

»Was zum Teufel bist du für ein Mensch? Sie vor den Augen ihrer Kinder zu verprügeln. Du wirst dein Geld zurückkriegen. Ich werde mich darum kümmern. Aber jetzt hau ab, bevor ich dir das Genick breche!«, brüllte ich.

Er zögerte, und mir war klar, dass er mich einschätzte und zu entscheiden versuchte, ob er und seine Kumpane auch auf mich losgehen sollten.

Doch er ballte nur seine Fäuste, rief seine Männer zusammen und verschwand.

Neben der Tür fand ich einen Lichtschalter und drehte an ihm, doch es gab keinen Strom.

Meine Schwester heulte. Ihre Stiefkinder brachen auch in Tränen aus und nahmen sie in den Arm. Ich schaute mich im Zimmer um. Es war schwierig, in der Dunkelheit überhaupt etwas zu erkennen, doch eines war offensichtlich: Es gab hier kein einziges Möbelstück. Sie hatten die Unterkunft eindeutig einfach besetzt. Und die Arbeit, von der sie gesprochen hatte? Die war wohl ein Lügenmärchen. Keine Arbeit bedeutete aber keine Lebensmittelration. Das Einzige, was sie tun konnte, um zu überleben, war, sich Geld zu leihen.

Aber zehntausend Yen! Das entsprach bloß dem Gegenwert von ungefähr achtzig Dollar, aber für mich war das eine astronomische Summe. Selbst wenn man einen anständigen Job hatte, würde es einige Jahre dauern, bis man einen solchen Betrag zusammengespart hätte. Was hatte sie damit gemacht?

Ich versuchte, mir etwas Geld zu leihen, um ihr zu helfen, aber es war hoffnungslos. Ich fragte jeden, der mir einfiel. Rückkehrer, Vorsteher in der Fabrik. Selbst Leute, die zuvor nur auf mich heruntergeschaut hatten. Aber jeder kämpfte um sein eigenes Überleben.

Schließlich beschloss ich, Ro Jegu-an aufzusuchen. Wir hatten in Yokohama die gleiche koreanische Schule besucht und er war der wohlhabendste Rückkehrer in Hamhung. Ich dachte nicht unbedingt, dass er sich noch an mich erinnern würde, aber er war unsere einzige Chance. So schaute ich bei ihm vorbei.

Als ich an seiner Wohnung ankam, starrte ich erst mal den Türknauf an, der so poliert war, dass ich mein Spiegelbild auf seiner schimmernden Oberfläche sehen konnte. Dann wischte ich meine Hände an meinen Arbeitshosen ab und glättete meine Kleidung – was natürlich nichts nutzte. Als ich nach unten auf meine Schuhe schaute, sah ich, dass meine großen

Zehen herauslugten, und an meinem zerschlissenen Hemd fehlten einige Knöpfe. Mit einem Mal schämte ich mich vor mir selbst, doch ich hatte keine Wahl. Ich atmete tief ein und klopfte an der Tür.

»Wer ist da?« Dann öffnete sich die Tür und das Gesicht eines Mannes erschien. Er hatte ein rundes Gesicht und rosige Wangen. Die Gesundheit in Person.

Ich quetschte mich irgendwie in den Eingang, sodass er mir die Tür nicht einfach vor der Nase zuschlagen konnte.

»Mein Name ist Masaji Ishikawa. Ich vermute mal, dass du dich nicht mehr an mich erinnerst, aber wir sind in Yokohama auf die gleiche Schule gegangen. Ich glaube, wir haben vielleicht ein- oder zweimal miteinander gesprochen. Tatsache ist, ich bin hergekommen, um dich um einen Gefallen zu bitten.«

Er blickte etwas misstrauisch. »Tut mir leid. Ich kann mich nicht an dich erinnern. Das war schon vor so langer Zeit. Wie auch immer, komm am besten herein.«

Das ganze Erlebnis war surreal. So etwas wie seine Wohnung hatte ich noch nie gesehen. Meine Augen bewegten sich vom Fernseher über das Telefon und den glitzernden Kerzenhalter zu den Möbeln, die einer Königin würdig waren, und dann hinab zu dem prachtvollen Teppich. Unter meinen großen Zehen fühlte er sich flauschig an. Und da war ein Zimmer nach dem anderen. Die Wohnung schien sich unendlich weit zu erstrecken. Ich konnte das alles kaum aufnehmen.

Ich setzte mich ihm gegenüber auf das Sofa. Seine Frau brachte eine Tasse Tee und stellte sie auf den niedrigen Tisch vor mir. Ich senkte meinen Kopf. Da lagen ein paar teuer aussehende Süßigkeiten auf einem silbernen Tablett. Warum um alles in der Welt ich mich daran erinnere? Ich weiß nicht. Doch ich erinnere mich noch sehr genau daran, dass ich ihm die Wahrheit über meine Schwester erzählte und auch, wie hoffnungslos unsere Lage geworden war. Ich fragte, ob er mir etwas Geld leihen könnte. Ich versprach, es ihm zurückzuzahlen.

Er hustete einmal, dann schwieg er. Ich wartete und versuchte darüber nachzudenken, wie ich die qualvolle Stille ausfüllen könnte.

Schließlich sagte er: »Kopf hoch! Sitze nicht so niedergebeugt da!«

Er wandte sich an seine Frau und bat sie mit sehr leiser Stimme um etwas. Ich habe keine Ahnung, was er gesagt hat, doch seine Frau blickte ziemlich sauer drein und versuchte auch nicht, ihre Irritation zu verbergen.

Dann geschah ein Wunder. Zehntausend Yen lagen auf einmal direkt vor mir auf dem Tisch.

Ich traute meinen Augen nicht. Ich konnte die Schulden meiner Schwester in vollem Umfang begleichen! Ich unterdrückte meine Tränen und dankte dem Mann aus tiefstem Herzen, so gut es ging. Ich konnte nicht die richtigen Worte finden, und meine Kehle war wie zugeschnürt, als ob ich kaum atmen könnte. Als ich sein prachtvolles Zuhause verließ, war ich von Dankbarkeit und Erleichterung überwältigt.

Allerdings war ich wie üblich mal wieder zu optimistisch. Oh, na klar, die Schulden meiner Schwester habe ich bezahlt, doch ein paar Tage später verschwand sie einfach. Es stellte sich heraus, dass sie sich auch noch von anderen Leuten Geld geborgt hatte. Ich habe keine Ahnung, wofür sie all dieses Geld ausgegeben hat. Das werde ich mich bis zum Tage meines Todes fragen.

Gelegentlich hörte ich Gerüchte. Sie waren gesehen worden, wie sie in der Nähe des Bahnhofs schliefen. Dann wiederum schliefen sie vor irgendjemandes Haus und lebten von den Abfällen, die sie auf der Straße finden konnten. Immer wenn ich eine Nachricht bekam, wo sie angeblich vielleicht gerade waren, ging ich los, um nach ihnen zu suchen, doch ich konnte sie nie finden. Ich sah sie nie wieder.

KAPITEL 5

Der 8. Juli 1994 begann wie jeder andere Tag. Der Himmel über Hamhung war von Dunst dicht bedeckt. Man hätte glauben können, ein Sturm sei im Anzug, doch die wabernden Wolken waren tatsächlich nur Rauch von den Fabriken.

Wie üblich ging ich zur Arbeit. Um die Mittagszeit war über die Lautsprecher der Fabrik die schrille Stimme einer Frau zu hören, die verkündete, dass wir uns auf eine besondere Nachrichtenmeldung einstellen sollten. Ich konnte mir nicht vorstellen, was das sein könnte.

Ich machte eine Pause, stand in einer Ecke und rauchte eine Zigarette, als aus dem Lautsprecher über meinem Kopf plötzlich eine feierliche Musik dröhnte.

»Eine sehr wichtige Nachricht. Eine sehr wichtige Nachricht. Heute starb unser Großer Führer, Genosse Kim Il-sung!«

In der Fabrik wurde es mit einem Mal ganz still. Jeder hielt mit der Tätigkeit, mit der er gerade beschäftigt war, inne und stand nur noch wie vor den Kopf geschlagen da. Aber nicht lange. Bald erfüllte ein großes Wehgeschrei die Luft. Die Leute fingen an, zu weinen und zu klagen, während andere gegen die Werkbänke und Wände hämmerten.

Meine Zigarette rutschte mir aus den Fingern und meine Kinnlade fiel mir herunter. Zu meinem größten Erstaunen stellte ich fest, dass ich nun auch weinte. Ich habe keine Ahnung, warum, doch über meine Wangen strömten heiße Tränen. War es ein Schock? Angst? Erleichterung? Ich empfand eine seltsame Mischung der Gefühle, die ich mir bis heute nicht erklären kann.

Ich hatte mehr als dreißig Jahre in diesem von Kim Il-sung geschaffenen »Paradies auf Erden« verbracht; ich war kaum besser als ein Tier behandelt worden und konnte auf der untersten Stufe der Gesellschaft kaum überleben. Einmal hatte ich sogar versucht, meinem Leben ein Ende zu setzen, um meiner miserablen Existenz hier zu entkommen. Warum weinte ich also?

War die ganze staatliche Programmierung teilweise erfolgreich gewesen? Seit ich nach Nordkorea übergesiedelt war, hatte ich mich nie wirklich lebendig gefühlt; ein Teil von mir war eingemauert und zum Schweigen gebracht worden. Nach einer Weile hatte ich das Gefühl, dass dieser Teil von mir einfach verdorrt war, wie ein Körperteil, der aufgrund mangelnder Nutzung verkümmert. Ich dachte über den Terror nach, der mein Leben dominiert hatte – diese nie endende Überwachung, der Mangel an Autonomie, die Angst, eine Meinung kundzutun, die Hoffnungslosigkeit und die Verzweiflung; die Unmöglichkeit, das Schicksal meines Lebens zu einem Besseren wenden zu können. Kim Il-sungs bedrohliche Herrschaft war in jeden einzelnen Aspekt meines Lebens eingedrungen, wie ein Bajonett, das nur wenige Zentimeter vor meiner Kehle innehielt.

Mehr als dreißig Jahre lang hatte ich »Lang lebe Kim Il-sung!« gesagt – und es natürlich nie so gemeint –, doch hier war ich jetzt am Weinen. Hatte all die Gehirnwäsche ihren gewünschten Effekt erreicht? Oder reagierte ich einfach auf die Gruppenhysterie? Die Leute um mich herum waren völlig aufgelöst. »Wie werden wir von nun an leben?«, klagten sie immer wieder. Als ich nach Hause kam, klammerten sich meine Kinder an mich und weinten. Auch meine Frau weinte. Ich weiß nicht, ob irgendjemand von ihnen aus Traurigkeit weinte oder ob das nicht alles an der Furcht lag. Was würde jetzt mit uns geschehen?

Am Tag nach seinem Tod strömten die Menschen zu seiner Bronzestatue und legten Blumen vor ihr nieder. Kinos und Kultureinrichtungen veranstalteten Gedenkversammlungen. Die Teilnahme war obligatorisch. Die Polizei war überall, nur um dafür zu sorgen, dass auch jeder erschien. Doch das war nicht nötig. Jeder war begierig teilzunehmen, um seine Gefühle mit anderen zu teilen, um sich als Teil von etwas Größerem und Bedeutenderem zu empfinden, als es das eigene erbärmliche, kleine Leben war.

Kim Il-sung starb am Vorabend eines Ereignisses, welches eigentlich das erste Gipfeltreffen zwischen Nord- und Südkorea werden sollte. Die Parteiführung war ganz besessen vom Optimismus über diesen Gipfel und hatte behauptet, die Vereinigung von Nord- und Südkorea werde bald Wirklichkeit und dass unsere gegenwärtigen Schwierigkeiten bald hinter uns lägen.

Aber das ist das Problem mit Propaganda. Sie widerspricht sich dauernd selbst. Uns war gesagt worden, der Zusammenbruch der Landwirtschaft und der Niedergang der Wirtschaft seien ganz und gar die Schuld der US-Imperialisten, die die koreanische Halbinsel in zwei Staaten geteilt hatten. Wenn der Norden und der Süden erst vereinigt seien, sei die Gefahr des Verhungerns vorbei.

Doch das ergab keinen Sinn. Wenn unsere Probleme einzig auf den US-Imperialismus zurückzuführen waren, warum litten die Südkoreaner dann nicht auch Hunger? Und war uns außerdem nicht erst neulich erzählt worden, dass auch die Südkoreaner hungerten? Wenn das stimmte, wie sollte uns dann die Vereinigung retten?

Mit der Zeit fingen alle Arbeiter in der Fabrik damit an, die gleiche Frage zu stellen: Wie sollen wir jetzt, da der Große Führer tot ist, leben? Ich glaube nicht, dass sie aus Kummer gestellt wurde. Die Frage wurde aus Furcht gestellt. Man konnte es in ihren Gesichtern sehen. Sie waren starr vor Schreck. Das war auch nicht verwunderlich. Uns allen blickte unerbittlich der Hunger entgegen. Auch wenn es eine pompöse Zeremonie zur Feier der Ernennung von Kim Jong-il als dem neuen Großen Führer gab.

Kaum hatte Kim Jong-il die Macht übernommen, begannen die Leute, sich über ihn zu beklagen. Sie machten ihn für die sich verschlechternde Nahrungsmittelsituation verantwortlich. Insgeheim verachteten sie ihn und meinten, er sei nur wegen seines Vaters Führer des Landes geworden. Was auch stimmte. Als Kim Il-sung noch gelebt hatte, war die Propagandamaschinerie bis zum Anschlag aufgedreht worden. Kim Il-sung, der Große Führer, Friede sei mit ihm, hatte das Volk vom Joch der Tyrannei befreit. Mehr oder weniger im Alleingang. Warum sollte es ihm nicht trauen und ihn respektieren? »Dies ist das Jahr der Landwirtschaft«, hatte er 1992 verkündet. »Die Nation muss den jahrhundertealten Traum des Volkes begreifen, weißen Reis und Fleischsuppe zu essen, seidene Kleidung zu tragen und in ziegelgedeckten Häusern zu wohnen.«

Das Problem war, dass ich das alles schon einmal gehört hatte. Genau die gleiche Rede. Damals, 1961. Kurz nachdem ich nach Nordkorea übergesiedelt war. Genau die gleiche idiotische Rede! Dasselbe schamlose, überschwängliche Eigenlob. Doch Kim Il-sung hatte nie auch nur eines seiner Versprechen erfüllt. Nicht ein einziges. Er versprach uns »das Paradies auf Erden« und stattdessen lieferte er uns dem genauen Gegenteil aus.

Wenn ich an all die Leute denke, die er eliminiert hat, all die Menschen, die er verhungern ließ, an all das unsägliche Leid, das er verursacht hat, kann ich nur hoffen, dass sein Name in Schmach und Schande versinkt.

Seit ich mehr als dreißig Jahre zuvor meinen Fuß auf nordkoreanischen Boden gesetzt hatte, hatte ich nur Hunger gekannt. Jedermann war über Jahrzehnte kurz vor dem Verhungern gewesen. Doch von 1991 an hatte sich die Lage sogar noch weiter verschlimmert. Von 1991 bis zu Kim Il-sungs Tod 1994 hatte extrem kaltes Wetter verheerende Schäden im Hinblick auf die prekäre Nahrungsmittelversorgung angerichtet.

Gemäß dem Verteilungssystem für Nahrungsmittel hatten reguläre Arbeiter offiziell ein Anrecht auf eineinhalb Pfund Getreide pro Tag. Aus irgendwelchen perversen Gründen hatten Bauern Anspruch auf eine geringere Menge. Die tatsächliche Menge, selbst für reguläre Arbeiter, lag bei einem Pfund, von dem 70 Prozent nur Maisstärke waren. Es versteht sich von selbst, dass Parteimitglieder eine deutlich größere Ration erhielten.

Die Rationen wurden eigentlich zweimal im Monat verteilt, doch seit 1991 hatte es immer wieder Verspätungen gegeben. Am Ende mussten wir mit einer Dreitageration einen halben Monat lang überleben. Es war unvermeidlich, dass daraus nichts Gutes erwuchs. Die Menschen machten sich über die Lebensmittelverteilungsposten her und es kam zu explosionsartigen Gewaltausbrüchen.

Die Partei begann, noch mehr Slogans, noch mehr Propaganda abzulassen. Ich konnte nicht umhin, mich zu fragen, wo sie bloß das ganze Papier für die Plakate herhatten – und ob man es wohl essen könnte. Und was sagten uns all diese erbärmlichen Plakate? Sie gaben Ratschläge für Alternativen zu den Standardrationen an Nahrungsmitteln.

»Stampfe die Wurzeln von Reispflanzen zu einem Mehl und iss es! Es ist reich an Proteinen! ... Pfeilwurz enthält viel Stärke! ... Wenn du isst und überlebst, können wir definitiv obsiegen!« Sinnlose Informationen, allesamt mit den üblichen pathetischen Ausrufezeichen ausgegeben. Zu diesem Zeitpunkt hatten wir schon seit Ewigkeiten den Boden nach allem abgesucht, was essbar war – Eicheln, Beifuß, Kiefernrinde. Es war ein höllisches Zeug. Rinde kann man nehmen, um etwas herzustellen, das in etwa einem Reiskuchen ähnelt. Aber es war schauderhaft. Die Leute hatten das aus Verzweiflung am Ende der Kolonialzeit und dann wieder kurz nach dem Koreakrieg gegessen. Zu Zeiten, als die Menschen keine andere Wahl hatten. Zeiten wie die, in der wir uns nun selbst befanden.

So wird es gemacht: Zuerst koche man die Kiefernrinde so lange wie möglich, um all die Giftstoffe loszuwerden. (Viele Menschen haben es hier schon vermasselt und sind infolgedessen qualvoll gestorben). Als Nächstes füge man etwas Maisstärke hinzu und dämpfe das üble Gemisch. Dann lasse man es abkühlen, forme daraus kleine Kuchen und esse sie. Leichter gesagt als getan. Kiefernöl stinkt zum Himmel und macht es fast unmöglich, es zu konsumieren. Doch wenn man leben wollte, würgte man es runter.

Dann fing der Spaß erst richtig an: heftige Bauchschmerzen, die uns in die Knie zwangen; eine Verstopfung, die man sich nicht vorstellen kann. Wurden die Schmerzen unerträglich, musste man sich – es gibt keine subtilere Art, dies auszudrücken – den Finger in den Anus schieben und die Betonscheiße herausklauben. Tut mir leid. Das muss man nicht unbedingt wissen. Aber nun wissen Sie es. Es ist das Einzige, was verdeutlicht, wie verzweifelt wir waren.

Nach dem Tod von Kim Il-sung kam alles zum Stillstand. Die Landwirtschaft. Die Industrie. Alles. Der Fabrik wurden keinerlei Rohstoffe geliefert. Elektrizität hatten wir nur für ein paar Stunden – wenn wir Glück hatten. Nach und nach lief die Produktion aus. Arbeiter brachen vor meinen Augen vor Hunger geschwächt zusammen.

Manchmal erhielten wir von der Partei eine offizielle Mitteilung, die uns die Erlaubnis erteilte, irgendein freies Stück Land zu kultivieren. Also schnappten wir uns unsere Schaufeln und schauten uns nach einem Streifen Land am Straßenrand oder vor einem Wohnblock um. Wir harkten den Boden und pflanzten Bohnen oder Chinakohl. Andere richteten Parzellen an Berghängen her und versuchten, Zuckermais und Kartoffeln zu pflanzen. Aber die Mühe war vergeblich. Es war fast unmöglich, Samen zu finden, und schaffte man es, Samen aufzutreiben und irgendetwas zum Wachsen zu bringen, wurde es noch vor der Ernte gestohlen. Die Pflanzen wurden schon herausgeklaubt, als sie kaum größer als ein Daumen waren.

Die Kinder gaben es auf, in die Schule zu gehen. Ich sah sie mit den Erwachsenen in den Straßen herumwandern und verzweifelt nach Essbarem suchen. Myong-hwa und Ho-son wurden dünner und dünner, ihre Gesichter waren so eingefallen, dass ihre Augen, völlig unverhältnismäßig zu ihren anderen Charakteristika, riesig wirkten. Jedes Mal wenn ich ihre kleinen, knochigen Leiber betrachtete, wollte ich weinen, doch sogar dafür fehlte mir die Energie.

Die Situation wurde immer schrecklicher. Hungernde Menschen wanderten hoffnungslos herum, während andere einfach nur auf den Straßen lagen. Bald lagen da auch Leichen, einfach so im Freien, von niemandem abgeholt und der Verwesung überlassen. Frauen. Ältere Menschen. Kinder.

Der Schwarzmarkt wurde offen betrieben. Stände wurden direkt vor der Polizeistation aufgestellt und die Behörden konnten nichts dagegen tun. Nicht die Polizisten, nicht einmal die gefürchtete Geheimpolizei. Hätten sie versucht einzuschreiten, wäre der Teufel los gewesen.

Für Menschen, die keine harte Währung hatten, war der Schwarzmarkt allerdings nutzlos. Versuchte man, etwas mit der örtlichen Währung zu kaufen, ging der Preis um das Hundertfache in die Höhe, es sei denn, man hatte eine Uhr oder irgendwelche nützlichen Haushaltsgegenstände zu tauschen.

Jemand wie ich – der weder harte Währung noch Waren zum Tausch hatte – konnte nur Reisgrütze in einem Laden kaufen, aus dem selbst eine Kakerlake geflohen wäre. Das oder auf dem Markt herumwandern, in der Hoffnung, ein paar Krümel aufsammeln zu können, die ein anderer unglücklicher Bastard versehentlich fallen gelassen hatte.

Die einzige andere Alternative war Stehlen. Das war die schnellste und einfachste Lösung und wurde deshalb immer üblicher.

Eine weitere gewaltige Veränderung, die sich um diese Zeit ergab, war, dass es mit einem Mal viel einfacher wurde herumzureisen. In der Vergangenheit hatte man ohne offizielle Reisedokumente keinen Zug besteigen können. Aber jetzt konnte man überallhin, sofern man einen Fahrschein hatte. Dafür musste man in der Regel nur jemanden bestechen.

Da ich kein Geld hatte, konnte ich mir diese veränderten Umstände allerdings nicht zunutze machen. Die Produktion in der Fabrik, in der ich arbeitete, war nach und nach eingestellt worden, und so hatte ich auch keine Waren, mit denen ich hätte handeln können.

Meine Familie und ich fingen an, eine Pflanze namens *Omode* zu pflücken. Wir suchten und pflückten, bis es dunkel wurde, dann bluteten auch schon unsere Hände. Sobald wir eine ordentliche Tasche voll davon hatten, kehrten wir zurück nach Hause und schälten die Schale ab. Wir zerdrückten das Fruchtfleisch. Kochten das Zeug. Es schmeckte scheußlich, aber um zu überleben, hätten wir alles gegessen.

Manchmal schämte ich mich für mich selbst. Ich machte mir Sorgen um Ho-chol; ich hatte keine Ahnung, wo er sich aufhielt, aber ich dachte ständig an ihn. Ich entschuldigte mich bei meinen Kindern und bei meiner Frau für unser elendes Leben. Meine Kinder waren stets freundlich und immer hoffnungsvoll. Sie wussten, dass ich gerne mal eine Zigarette rauchte, wann immer ich eine in die Hände bekam, deshalb sammelten sie Zigarettenstummel und gaben sie mir. Wir waren am Rande des Verhungerns, aber die Bande der Familienliebe blieben intakt. Das war mehr, als man von manchen Menschen sagen konnte. Ich hörte viele Geschichten von Familien, die wegen der Nahrungsnot auseinanderbrachen. Ich hatte sogar von einem Gerücht gehört, ein Mann habe seine Frau getötet und sie gegessen. Ich bin sicher, dass das stimmte, und ich bin ebenso sicher, dass er nicht der Einzige war.

Im Sommer 1995 hatten wir wirklich Angst, dass wir verhungern könnten. Dann traf uns im August auch noch eine Katastrophe. Eine verheerende Flut überschwemmte den Süden der Provinz Pyongan, eine Gegend, die wichtig für die Getreideproduktion war. Das bedeutete das Aus für unsere Getreideration. Als der Herbst begann, fingen wir aus Verzweiflung an, Eicheln zu sammeln. Ohne Getreide waren Eicheln das Einzige, mit dem wir es über den Winter schaffen konnten. Also sammelten wir so viele wie irgend möglich. Wir kochten sie und aßen sie einmal am Tag, und uns schmeckten sie, Gott stehe uns bei, köstlich. Und ja, damit schafften wir es zu überwintern.

Im Frühling 1996 war das Stück Land, das wir in der Nähe unseres Wohnkomplexes kultiviert hatten, nutzlos geworden. Es gab keine Setzlinge zum Pflanzen, keine Samen und auch keine Düngemittel. Die Fabrik war geschlossen. Um diese Zeit waren so viele Menschen gestorben, dass ich Scharen von herumwandernden Waisenkindern sah.

Es wurde so schlimm, dass wir schließlich anfingen, jedes vertrocknete Unkraut zu essen, das wir finden konnten. Wir kochten das erbärmliche Zeug so lange wie möglich, um zu versuchen, den grässlichen Geschmack abzumildern. Aber es war hoffnungslos. Das Zeug schmeckte immer noch widerlich. Und es bewirkte bei uns die schrecklichsten Zustände. Unsere Leiber schwollen an, unsere Gesichter schwollen und unser Urin verfärbte sich rot oder sogar blau. Wir litten alle an chronischem Durchfall. In diesem Zustand konnten wir nicht einmal mehr laufen.

Niemand dachte an etwas anderes, redete über etwas anderes als über Nahrung. Wenn wir es schafften, uns umzutun, verbrachten wir unsere ganze Zeit damit und suchten und suchten irgendetwas auch nur einigermaßen Essbares. Wir waren nichts weiter als ein Haufen gefräßiger Gespenster. Die kaum lebenden Toten.

Ich weiß nicht, wie viele Menschen verhungerten. Ständig hörte man Geschichten.

»Die Frau, deren Mann gestorben ist? Nun ja, sie ist auch tot. Starb alleine.«

»Ich hab den alten Soundso seit einer Weile nicht mehr gesehen. Hast *du* ihn gesehen? Ich vermute, er hat es nicht geschafft.«

»Ich fand diese Frau, sie lag auf der Straße. Ich schaute nach ihr, doch sie war schon kalt.«

Ich hörte Geschichten von Kannibalismus. Es ging das Gerücht, dass diejenigen, die sich bei einer solchen Tat erwischen ließen, öffentlich hingerichtet wurden. Ich selbst habe eine öffentliche Hinrichtung nie erlebt, aber das würde mich nicht überraschen. Jeder Tag war, als lebten wir in einem Albtraum. Es klingt furchtbar, das zu sagen, aber ich wurde langsam immun gegen das Grauen, all diese Leute auf der Straße liegen zu sehen. Manchmal hätte ich auch nicht sagen können, ob sie gerade starben oder schon tot waren. Und das Schreckliche war, ich hatte auch nicht die Energie, mich darum zu kümmern.

Die Leute fingen an, öffentlich heikle Fragen zu stellen. Zum Beispiel, wann sie mal wieder weißen Reis oder Fleischsuppe essen könnten. In der Vergangenheit hätte es niemand gewagt, eine solche Frage zu stellen, nicht einmal im Privaten.

Manche Leute klagten über Kim Il-sung und über das, was er uns da eingebrockt hatte. Doch niemand sprach davon, das System zu verändern. Die Leute hatten viel zu viel Angst vor der Polizei und der Geheimpolizei. Hat irgendjemand versucht, die Führung zu stürzen? Nein. Bis zum bitteren Ende machten sie, was ihnen gesagt worden war. Immerhin waren sie, seit sie Schulkinder waren, einer Gehirnwäsche unterzogen worden. Uns war beigebracht worden, die Vereinigten Staaten würden unsere Brüder und Schwestern im Süden brutal abschlachten. Dass wir das Volk von Südkorea befreien müssten. Dass ihr Land vom Feind, den Vereinigten Staaten, besetzt sei.

Ich war mir nicht sicher, wie meine Familie und ich überleben sollten. Wir hatten alle die gleichen eingesunkenen Augen und hohlen Wangen, Körper aus Haut und Knochen. Wir waren so knochig, dass es wehtat, wenn wir nur saßen oder lagen. Selbst wenn wir schliefen, war es so schmerzhaft, dass wir ständig aufwachten.

Wenn ich meine Familie anschaute, dachte ich: Lieber Gott! Müssen wir denn so sterben?

Es widerstrebte mir immer mehr, irgendwelches Kraut zu pflücken. Wir würden ohnehin sterben. Was für einen Sinn hatte es denn? Der Tod wurde mir gleichgültig. Wenn ich nur den Schmerz ertragen und mich eine Weile hinlegen könnte, würde ich wegschweben und nie mehr zurückkommen.

Doch es war immer dasselbe. Jedes Mal wenn ich meine Augen schloss, hörte ich die Stimmen meiner Eltern, ihre letzten Worte. Ich war davon besessen.

»Irgendwie ... irgendwie ... Geh nach Japan zurück! Erzähle unsere Geschichte!«, sagte mein Vater.

»Nimm meine Asche mit zurück nach Japan und lege sie in das Grab meiner Eltern«, echote die schluchzende Stimme meiner Mutter.

Es war September und manchmal tauchte der Mond zwischen den Wolken auf. Das Haus in Hamju war dunkel, weil wir keinen Strom hatten. Wir unterhielten uns nicht. Wir hockten zusammengesackt und an die Wand gelehnt da und starrten in die Dunkelheit. Das Mondlicht fiel auf meine Frau und auf die Kinder. In diesem kühlen Licht sahen ihre Körper wie Bäume aus. Tote Bäume.

Wenn man verhungert, verliert man das gesamte Fett von Lippen und Nase. Sind erst einmal die Lippen verschwunden, liegen die Zähne ständig frei, gefletscht wie bei einem knurrenden Hund. Die Nase ist auf die Nasenlöcher reduziert. Ich würde mir sehr wünschen, dass ich diese Dinge nicht wüsste, aber ich weiß sie.

Schließlich sagte ich etwas.

»Wir sind nur noch Skelette. Wenn wir nicht irgendetwas dagegen tun, sind wir bald tot. Ich muss es über die Grenze schaffen. Ich möchte, dass ihr mit mir kommt, doch ich glaube nicht, dass ihr die Kraft dazu habt ... « Der Gedanke kam mir einfach so; ich hatte zuvor nie daran gedacht. Aber plötzlich fiel mir ein, dass ich sowieso würde sterben müssen, und dann konnte ich auch bei einem Versuch, zurück nach Japan zu kommen, sterben. Sollte mir das aber durch ein Wunder gelingen, könnte ich meiner Familie Geld schicken. Ich könnte sie retten.

Myong-hwa war einen Moment lang still. »Vater, du musst das entscheiden«, sagte sie. Dann brach sie in Tränen aus.

»Wir kommen schon zurecht. Sofern wir am Leben bleiben, werden wir einander wiederfinden«, sagte meine Frau.

Ich stand sofort auf und packte meine wenigen Sachen zusammen. Ich wusste, dass ich meine Meinung ändern würde, wenn ich nicht sofort aufbrach. So ging ich zur Eingangstür.

»Sollte ich es auf die eine oder andere Weise zurück nach Japan schaffen, bringe ich euch auch dahin, koste es, was es wolle.«

Ich unterdrückte meine Tränen und machte mich auf zum Bahnhof von Hamju. Ich wusste, dass von dort aus ein Nachtzug nach Hyesan fahren würde, einer Stadt, die nahe an der Grenze liegt. Mit einem Mal fühlte ich mich auf seltsame Weise frei. Ich hatte eine unsichtbare Schwelle überquert und mein Leben würde nie wieder dasselbe sein. Ich hatte gerade alles, was ich kannte, und jeden, den ich liebte, verlassen, doch ein Zurück gab es nicht mehr. Ich wollte fliehen, oder ich würde bei meinem Fluchtversuch sterben.

Es war nicht einfach, einen Zug nach Pjöngjang oder zur Grenze zu bekommen. Dazu brauchte man spezielle Reisedokumente, und die waren mittlerweile noch schwerer zu erhalten als je zuvor. Es gab zu viele Leute wie mich, die versuchten, nach China zu entkommen.

Als ich am Bahnhof von Hamju ankam, tummelten sich dort viele Menschen. An einer Sperre wurden Ausweise und Fahrscheine kontrolliert. Nicht gut. Ich lief ungefähr zweihundert Meter vom Bahnhof weg und überquerte die Gleise.

Eine hohe Mauer und eine Barriere aus Pflanzen sollten verhindern, dass Menschen den Bahnsteig überqueren konnten, aber es gelang mir, mich so unauffällig wie möglich hinter die Mauer zu quetschen. Ich musste mich an einem Stacheldraht verfangen haben, denn meine Arbeitshose war nun in Stücke gerissen und ich blutete an den Knien. Ich lugte hinter der Mauer hervor, um die Lage auf dem Bahnsteig zu überprüfen.

Eine Menge Leute warteten auf den Zug. Manche schliefen auf dem Boden. Andere aßen etwas. Ein paar Polizisten waren da. Und viele Soldaten. Na klar. Der Bahnhof wurde auch vom Militär genutzt. Auch nicht gut.

Ich hielt mich versteckt, beobachtete alles und hatte das Gefühl, dass Stunden vergingen. Schließlich stellten sich die Soldaten in Reih und Glied auf und ein Zug fuhr in den Bahnhof ein. Selbst im Dunkeln konnte ich erkennen, dass er alt und verrostet war und dass alles Glas aus den Fensterrahmen gestohlen worden war.

Ich versuchte, den besten Moment auszumachen, um den Zug zu besteigen. Sollte ich jetzt gleich hinrennen? Nein. Zu riskant. Besser, ich wartete auf den letzten möglichen Moment. Doch wie sollte ich wissen, wann der gekommen war?

Ich zauderte so sehr und die Zeit verging so schnell, dass sich der Zug, noch ehe ich michs versah, in Bewegung setzte. Mir wurde klar: jetzt oder nie. Ich duckte mich und lief so schnell, wie es mein müder Körper noch schaffte, auf den Zug zu. Ich rannte mir die Seele aus dem Leib und hatte eine Heidenangst, denn ich war davon überzeugt, dass mir einer der Soldaten in den Rücken schießen würde.

Ich streckte meine Arme aus und griff nach der Leiter am hinteren Ende des Waggons. Meine Hände berührten die Metallstange, ich umfasste sie mit meinen Fingern und zog mich hoch. Bei dieser Aktion hatte ich so viel Schwung, dass ich am Ende kopfüber in den Waggon purzelte.

Ich fand mich in dem schmalen Gang zwischen den Sitzen mit dem Gesicht nach oben liegend wieder. Ich war außer Atem, von meinem Kraftakt so erschöpft, dass ich mich nicht bewegen konnte. Es war sehr dunkel. An der Decke über mir war kein Licht. Schließlich setzte ich mich auf und schaute mich um. Die Sitze waren alle besetzt. Ein paar Leute gingen den Gang entlang, aber niemand schien irgendeine Notiz von mir zu nehmen. In jenen Tagen fuhren eine Menge Leute schwarz, deshalb vermute ich, dass mein Auftauchen keine große Sache war. Überall um mich herum schliefen die Leute ein.

Und plötzlich überkam es mich. Ich hatte es geschafft. Ich hatte es tatsächlich hinbekommen, in diesen Zug zu steigen. Erleichterung durchströmte mich. Mit einem Mal verspürte ich Hunger. Ich hatte am Morgen nur eine Schüssel Suppe gegessen, das war schon viele Stunden her. Ich saß mit meinem Rücken gegen die Tür am Ende des Waggons gelehnt und schlief ein. Doch dann bemerkte ich plötzlich ein Licht, das sich vom nächsten Wagen näherte. Irgendein Kontrolleur überprüfte die Reisedokumente der Passagiere mit einer Taschenlampe. Mit einem Mal war ich hellwach.

Ich saß im Dunkeln und schaute entsetzt dorthin. Mein Puls raste wieder. Ich wusste, wenn ich erwischt wurde, wäre das mein Ende – und das meiner Familie. Meine Achselhöhlen waren klamm vor Schweiß. Wenn mir nicht ganz schnell etwas einfiel, würden alle aus meiner Familie für den Rest ihres Lebens in einem Konzentrationslager landen. Und was mich betraf, so würde ich des Verrats schuldig gesprochen und erschossen werden.

Ich blickte mich um, Adrenalin pumpte sich durch meine Adern, aber ich konnte mich nirgends verstecken. Es schien ganz still zu werden. Ich konnte nur noch mein Herz pochen hören – und das Rauschen des Windes.

Ich hatte keine Zeit zu zögern.

»Entschuldigen Sie bitte. Tut mir leid«, sagte ich zu den Passagieren, die auf den Sitzen neben mir schliefen.

Irgendwie schaffte ich es, mich an ihnen vorbei bis zum Fenster durchzuquetschen. Dem Fenster ohne Glas.

Oh, himmlischer Glasdieb! In diesem Moment könnte ich dich umarmen und küssen!

Ich stellte meinen Fuß auf den Fensterrahmen und kletterte hoch. Ich stand außerhalb des Zugs auf dem Fensterrahmen. Der Wind fuhr in die Schnitte um meine Knie und mein knochiger Körper wurde fast weggeblasen. Ich wusste, dass meine Beine aus dem Zuginnern noch immer zu sehen waren. Ich musste eine Möglichkeit finden, aufs Dach zu klettern.

Als ich auf dem Dach herumblickte, konnte ich eine Art Lüftungsgitter sehen. Es war schwer zu erkennen, was genau das war. Aber es kam mir blitzschnell in den Sinn, dass dies etwas war, an dem ich mich festhalten konnte. Es war nur knapp außerhalb der Reichweite meiner Arme. Ich musste es riskieren. Ich musste nur hochspringen, danach greifen und mich dann nach oben ziehen.

Nur! Ich bin 1,60 Meter groß!

Wir näherten uns mit hoher Geschwindigkeit einer Brücke. Vor mir konnte ich einige schwärzliche Bäume ausmachen.

Ich schloss meine Augen und atmete langsam und tief ein. Als der Zug die Brücke erreichte, gab es einen plötzlichen Ruck.

Jetzt!

Ich sprang mit aller Kraft, die ich noch hatte. Und plötzlich war ich in der Luft, die Landschaft um mich herum wie gefroren. Meine Finger bekamen das Gitter zu fassen. Ich packte zu, schwang meinen Unterkörper hoch und hebelte mich auf meine Ellbogen. Ich hatte es geschafft. Ich war auf dem Dach. Ich zitterte vor Anstrengung und nach dem Schrecken dieses Sprungs. Es dauerte lange, bis ich aufhörte zu zittern.

Ich weiß nicht, wie lange ich da oben lag. Ich war so angespannt, dass ich es nicht einmal bemerkte, als es anfing zu regnen. Als ich endlich wieder zu Sinnen kam, war mein Hemd bereits völlig durchnässt. Bald würde das Dach ganz glitschig sein und ich der Gefahr ausgesetzt herunterzufallen.

Ich legte mich auf den Bauch und rutschte so vorsichtig wie möglich Richtung Zugende. Als meine Füße die Leiter berührten, spürte ich, wie mich eine weitere Welle der Erleichterung durchströmte. Ich kletterte hinab und versteckte mich auf der Kupplung. Wenn ich meine Arme um die Leiter schlingen und meine Hände fest zusammenhalten würde, wäre das sicher genug.

Die Leiter! Warum hatte ich denn nicht gleich die verdammte Leiter benutzt, als ich aus dem Zug herausklettern musste? Ich saß doch auf dem Boden, mit dem Rücken zur Tür. Alles, was ich hätte tun müssen, war ...

Egal. Ich hatte es geschafft. Das war alles, was zählte.

Irgendwann gegen Mitternacht erreichte der Zug einen dunklen und verwaisten Bahnhof. Ich erkannte den Namen auf dem abgenutzten Schild. Es war der Halt vor Hyesan. Ich befand, dass es zu riskant wäre, die ganze Strecke bis nach Hyesan hineinzufahren. Dann würde man mich auf dem Bahnhof vielleicht nach meinen Reisedokumenten fragen, und das wäre mein Ende. Es war also an der Zeit, sich von der Kupplung und der Leiter zu trennen. Ich sprang vom Zug ab und machte mich auf den Weg in die Nacht. Ich wusste, der Yalu-Fluss war nicht weit entfernt.

Der Yalu-Fluss trennt China und Nordkorea. Viele Menschen überqueren ihn und noch mehr versuchen es. Bizarrerweise hatten vor einigen Jahrzehnten, als China während des »Großen Sprungs nach vorn« und während der Kulturrevolution selbst Erfahrungen mit Hungersnöten der Massen gesammelt hatte, viele chinesische Koreaner und Chinesen versucht, *nach* Nordkorea zu fliehen. Nun hatte der gesamte Migrationsstrom die Richtung gewechselt.

Die Stadt Hyesan ist bekannt für ihre Kohlereviere und Kupferminen. Ungefähr zwanzig Kilometer nordöstlich von Hyesan liegt eine Gegend, die Pochonbo heißt und wegen einer Schlacht, die 1937 dort stattfand, berühmt ist. Die Koreaner versuchten damals, die japanischen Besatzer aus ihrem Land zu vertreiben, und die angeblich von Kim Il-sung kommandierte antijapanische Guerillatruppe haute den Japanern die Hucke voll. Deshalb wurde die Gegend als »das Heilige Land der Revolution« bekannt. In der Stadt gibt es ein riesiges Denkmal der Revolution und eine Statue von Kim Il-sung.

Wie sich die Dinge ändern! Um 1996 war »das Heilige Land der Revolution« dafür berüchtigt, dass sich hier die Menschen verbargen, wenn sie versuchten, nach China zu fliehen. Legionen von Grenzwächtern patrouillierten vierundzwanzig Stunden am Tag durch diese Gegend.

Ich hatte einige fürchterliche Geschichten darüber gehört, was mit Leuten geschah, die bei einem Fluchtversuch erwischt wurden; jeder hatte solche Geschichten gehört. Entsetzliche Geschichten. Wer weiß, ob sie stimmten oder nur vom Staat verbreitet wurden, um uns an unserem Platz zu halten. Eine der übelsten Geschichten, von der ich gehört hatte, war der »Nasenring-Fall«. Eine vierköpfige Familie war geflohen, doch die nordkoreanische Polizei griff sie in China wieder auf. Die nordkoreanische Polizei bohrte ihnen einen Draht durch die Nase, um sie alle aneinanderzufesseln. Die chinesischen Zollbeamten waren von einer derartigen Grausamkeit schockiert und erklärten, dass solche Dinge in China nicht erlaubt seien. Irritiert vom Urteil der chinesischen Beamten, stellten die Polizisten ihre barbarische Macht vor den chinesischen Zollbeamten zur Schau und erschossen, kaum dass alle wieder nordkoreanischen Boden betreten hatten, die ganze Familie.

Nachdem ich vom Zug gesprungen war, lief ich so lange, bis meine Beine steif wie Bretter waren. Aber schließlich erreichte ich Hyesan. Da ich seit zwei Tagen nichts mehr gegessen hatte, ging ich zum Markt. Er war sehr groß und es gab dort so viele Produkte, ich war ganz benommen. Reis ... Mehl ... Seelachsrogen ... alles Mögliche. Einige Leute waren eindeutig auf Einkaufstour, während andere eher wie Obdachlose aussahen, die nichts anderes tun konnten, als dabei neidisch zuzuschauen.

Ich hatte natürlich kein Geld, also versuchte ich, etwas auf dem Boden zu finden. Schließlich erspähte ich einige herrenlose Maiskolben. Kerne waren keine mehr an ihnen, doch ich schlug meine Zähne in die Kolben und aß, was ich essen konnte.

Als ich mich umdrehte, sah ich hinter mir ein kleines Kind. Ganz allein. Ich vermute, ein Waisenkind. Wie ich suchte der Junge den Boden nach etwas Essbarem ab. Und wenn er etwas fand, hob er es auf und aß es. Wie eine Taube. Ich fragte mich, was wohl aus seinen Eltern geworden war. Zu lange konnte ich nicht darüber nachdenken, denn dann kamen mir Bilder meiner eigenen Kinder in den Sinn. Und ich hatte nicht die Energie zu weinen.

Ich wollte wieder etwas Kraft gewinnen, soweit das möglich war, daher ging ich in einen Park im Stadtzentrum. Ich fand einen Busch und kroch darunter. Bald schlief ich auf dem harten Boden ein. Am Morgen stand ich auf und spazierte eine Weile vor dem Bahnhof herum. Ich hatte Glück und fand ein Apfelkerngehäuse. Ich fing an, daran herumzuknabbern, und machte mich auf den Weg zum Fluss. Als ich am Ufer ankam, war es fast Mittag.

Das Erste, was ich empfand, als ich den Fluss sah: Ich war überrascht. Der Fluss war so schmal; mehr als ungefähr dreißig Meter breit war er sicher nicht. Wäre es Winter gewesen und die Wasseroberfläche gefroren, hätte ich ihn innerhalb von Sekunden überqueren können. Was allerdings auch mehr als genug Zeit war, einen Schuss in den Rücken zu bekommen, doch ich versuchte, nicht darüber nachzudenken.

Am gegenüberliegenden Ufer – in China – erblickte ich ein paar Männer, die da herumstanden und Zigaretten rauchten. Auf der nordkoreanischen Seite war ungefähr alle fünfzig Meter ein Wachhäuschen und mit Gewehren bewaffnete Wachen gingen rund um die Uhr auf Patrouille. Einige von ihnen hatten bedrohlich wirkende Schäferhunde dabei. Ich sah eine Frau, die im Fluss einige Kleidungsstücke wusch, und auf beiden Seiten des Flusses etliche Kinder, die herumhüpften. Die Wachen schenkten ihnen allen keine Beachtung.

Ein Junge machte sich vor meinen Augen auf, den Fluss zu überqueren. Die Wachen unternahmen nichts. Ich wartete darauf, dass sie eingriffen, doch sie reagierten überhaupt nicht. Er trug einen Gegenstand über seinem Kopf, damit er nicht nass wurde, aber das Wasser reichte ihm nur bis an die Hüfte. Als er nach nur wenigen Augenblicken am anderen Ufer ankam, übergab er den Gegenstand einem Mann, der auf ihn wartete. Der Mann nahm ihn und verschwand sofort, aber der Junge setzte sich am Flussufer hin und fing an, eine Zigarette zu rauchen. Job erledigt.

Es schien ziemlich einfach zu sein, den Fluss zu überqueren.

Ich beschloss weiterzugehen. Wenn ich noch länger nur dastand und auf den Fluss starrte, würden die Wachen sicher misstrauisch werden. Gerade als ich mich aufmachen wollte, rief eine der Wachen: »Weg da!« Ich war so nervös, dass ich dachte, er meinte mich damit, also hielt ich inne und drehte mich ganz langsam um.

Die Frau, die ein paar Kleidungsstücke wusch, beeilte sich zurückzutreten. Sie war diejenige, die die Wache angeschrien hatte. Anscheinend konnten Kinder ohne Probleme den Fluss überqueren, aber Erwachsene durften nur etwa einen Meter weit ins Wasser gehen.

In dieser Nacht kehrte ich zum Flussufer zurück und versteckte mich unter einem Busch, um zu beobachten, was sich nach Einbruch der Dunkelheit abspielte. Die Wachen patrouillierten mit Taschenlampen. Ungünstiger noch – der Mond schien. Ich konnte sehen, wie er sich im Fluss spiegelte. Es war viel zu hell, um jetzt eine Überquerung zu wagen, also ging ich wieder zurück in die Gegend um den Bahnhof.

Auf dem Bahnhof gab es eine lange Bank, auf die die Leute sich setzten, um auf ihren Zug zu warten. Wenn ich jemanden einen Imbiss zu sich nehmen sah, blieb ich in der Nähe stehen oder sitzen und wartete darauf, dass er die Überreste wegwarf. Nachdem ich mir alles geschnappt hatte, was ich nur schnappen konnte, kroch ich wieder unter einen Busch und versteckte mich. Im hellen Tageslicht würde ich nie den Fluss überqueren können, ohne gesehen zu werden. Und nach Einbruch der Dunkelheit war es wegen des Mondlichts auch noch zu hell, zudem liefen die Wachen mit ihren Taschenlampen herum.

Ich wusste nicht, was ich als Nächstes tun sollte. Das Einzige, was mir einfiel, war, die Überquerung zu versuchen, wenn eine Wachmannschaft die andere ablöste. Aber wie sollte ich die Gewohnheiten der Wachen herausfinden, ohne mich selbst zu verraten? Diese Frage wälzte ich endlos in meinem Kopf, während ich wach auf dem kalten Boden lag.

Ich brauchte noch zwei weitere Tage der Beobachtung, bis ich herausfand, welches die beste Zeit war, um den Fluss zu überqueren. Inzwischen war ich körperlich völlig geschwächt. Und natürlich war ich mit meinen Nerven am Ende. Egal, wann und wo ich herumlief, ständig blickte ich mich um. Ich wurde so paranoid, dass ich dachte, jeder, an dem ich vorbeikam, sei ein Polizist.

Schließlich hielt ich mir selbst eine strenge Standpauke: Schau! Für so etwas hast du keine Zeit. Deine Familie verhungert! Du wirst täglich schwächer. Du musst diesen Fluss überqueren! Sonst wird deine ganze Familie sterben und du mit ihnen.

Am dritten Abend ging ich kurz nach Sonnenuntergang zurück zum Ufer und versteckte mich unter den Büschen. Ich wartete auf meine Chance. Die Wachen streiften umher.

Ich darf mich nicht erschießen lassen! Ich darf hier nicht sterben!, dachte ich.

Aber ich konnte mich nicht richtig konzentrieren, also legte ich mich auf den Boden und schloss meine Augen. Als ich versuchte aufzustehen, merkte ich, dass ich nicht die Kraft hatte, mich zu erheben. Ich dachte, das war's und dass ich sterbe. Ich hatte es so weit geschafft; ich war so kurz vor dem Ziel, doch ich hatte zu lange gewartet. Und plötzlich kamen mir die Gesichter meiner Mutter, meines Vaters und all meiner Kinder in den Sinn. Meine Mutter sagte: »Du musst aufstehen und gehen! Du musst die Kraft finden!« Und dann fing es an zu nieseln. Ich konnte die Tropfen auf meinem Gesicht spüren. Ich öffnete meine Augen, doch meine Tränen behinderten meine Sicht. Ich wandte mein Gesicht zum Himmel. Es war völlig dunkel. Stockfinster. Der Regen wurde stärker, und seltsamerweise kam meine Kraft zurück und im Kopf wurde ich klarer. Ich muss gehen, dachte ich. Ich muss jetzt gehen. Sonst werde ich hier sterben. Nun nieselte es nicht mehr nur. Ein sintflutartiger Regenguss ging nieder. Zehn, zwanzig Minuten später stand ich auf und schaute auf den Fluss. Er war nicht mehr wiederzuerkennen. Völlig verändert. In dieser kurzen Zeit war er zu einem reißenden Strom geworden.

Ich watete durch den Schlamm, auf das Wasser zu.

Was macht es noch für einen Unterschied? Ich werde erschossen ... Ich begehe Selbstmord ... Ich bleibe hier und verhungere ... Ich sterbe. Also nur zu, wenn ihr mich erschießen wollt, dann tut es doch einfach!, dachte ich, als ich versuchte, den Mut zum Handeln aufzubringen.

Langsam ging ich am Flussufer entlang. Die Wachen hinter mir interessierten mich jetzt nicht mehr. Wenn überhaupt etwas, dann *hoffte* ich eigentlich zu sterben.

Irgendetwas knackte unter meinem Fuß. Ein Zweig? Eine Wurzel? Überzeugt, dass ich gleich erschossen würde, schaute ich instinktiv zurück. Und zu meiner Verwunderung war da keine einzige Wache zu sehen. Machten sie gerade die Übergabe an die nächste Schicht?

Ja! Jetzt oder nie. Ich stürzte mich in den Fluss und fing an zu schwimmen. Aber dann knallte ich mit dem Kopf gegen irgendetwas. Einen Felsen? Ich weiß es nicht. Wasser strömte in meinen Mund, und vage bemerkte ich noch, stromabwärts getrieben zu werden. Dann verlor ich das Bewusstsein.

Ich habe keine Ahnung, wie viel Zeit dann vergangen ist. Als ich zu mir kam, fand ich mich am Flussufer liegend.

Scheiße! Ich hab es nicht hinübergeschafft, dachte ich.

Ich zitterte unkontrolliert, meine Kraft war völlig dahin. Ich schaffte es, meinen Kopf zu heben, und als ich das tat, sah ich in der Ferne ein Licht. Es schien aus einem Haus zu kommen.

Wie seltsam, das Licht anzuschalten. Wer würde denn so etwas tun?, fragte ich mich. In Nordkorea nachts das Licht einzuschalten war gleichbedeutend mit Hochverrat. Aufstehen konnte ich nicht, aber ich merkte, dass ich mich noch genug bewegen konnte, um zu kriechen. Also kroch ich in Richtung des Hauses, in dem das Licht brannte.

Dann hörte ich in der Ferne ein Bellen.

Ich musste wohl eingeschlafen sein, aber als ich aufwachte, trug mich ein Mann, den ich nicht kannte, auf seinem Rücken. Ich konnte nicht sprechen. Ich versuchte es, doch meine Lippen weigerten sich, sich zu bewegen. Meine Stimmbänder schienen gelähmt zu sein. Ich konnte mich nicht mal räuspern. Ich versuchte, meine Finger zu bewegen. Nichts. Aber Moment. Ich *konnte* meine Augäpfel bewegen. Wo war ich? Ich versuchte, mich umzusehen.

Büsche. Ein Hund. Was tat er da, warum sprang er so herum und wuselte um die Füße dieses fremden Mannes? Wedelte mit dem Schwanz. Bellte.

Der Mann begann zu ihm zu sprechen. Was sagte er da? Ich konnte es nicht verstehen.

Noch einmal versuchte ich, etwas zu sagen. Doch ich bekam noch immer keinen Ton heraus. Ich versuchte es erneut. Nichts.

Der Mann sprach weiter und mit freundlicher Stimme zu seinem Hund.

Und plötzlich wurde es mir klar. In Nordkorea hielten die Leute keine Hunde. Sie aßen sie. Dieser Hund war ein *Haustier*. Das war nicht Nordkorea. Es war China. Ich hatte es geschafft. Ich konnte es nicht glauben. Es war nichts anderes als ein Wunder.

Trotz meiner inneren Erregung überkam mich die Müdigkeit.

Ich schlief ein.

Wiedergeboren.

Als ich wieder zu mir kam, wachte der Mann über mich. Ich wollte erklären, wer ich war, ihm für seine Hilfe danken, aber ich konnte immer noch nicht sprechen. Ich versuchte, mich aufzusetzen, doch er intervenierte.

»Ist okay. Du musst dich ausruhen. Versuche zu schlafen«, sagte er.

Später fütterte er mich mit Reisgrütze. Er hob die Schale an und führte den Löffel an meine Lippen.

Hätte ich die Kraft gehabt, ich hätte über seine Zärtlichkeit geweint.

Von der Reisgrütze wurde mir ganz schwindlig. Ich hatte so lange nichts mehr gegessen, mein Körper konnte das nicht verkraften. Ich hatte das Gefühl, als hätte ich einen Eimer Alkohol hinuntergekippt.

Ich wurde ohnmächtig.

Zwei Tage lang verlor ich ständig das Bewusstsein und gewann es immer wieder. Ich kann mich an nichts mehr erinnern. Doch dann, am dritten Tag, wachte ich auf und fühlte mich energiegeladen. Es war seltsam. Ich meine, ich sprang nicht gerade aus dem Bett, aber mit einem

Mal merkte ich, dass ich aufstehen konnte; ich konnte gehen. Ich blickte mich um und nahm allmählich meine Umgebung wahr. Ich sah einen Fernseher, einen Kühlschrank, eine Waschmaschine, ein Schlafsofa, ein Motorrad und auch ein Fahrrad. Ein unvorstellbarer Luxus.

Der Mann, der mich gerettet hatte, kam herein. Er war ein älterer Koreaner mit dem Namen Kim, und er war der freundlichste Mensch, den ich je kennengelernt habe.

Ich erklärte meine Situation in all ihrer Komplexität.

»Ich bin kein Koreaner. Ich bin Japaner. Ich versuche, zurück nach Japan zu gelangen. Ich muss meine Familie retten. Kannst du mir helfen?«, fragte ich.

Er nahm einen Zug von seiner Zigarette. »Du kannst heutzutage nicht mal nach Südkorea gelangen. Aber *Japan*!«, sagte er.

Er erzählte mir von anderen Menschen, die aus Nordkorea geflohen waren. Natürlich keine Japaner. Geborene Nordkoreaner. Ich war verblüfft, als er mir erzählte, was mit ihnen geschah. Selbst wenn sie es bis zur südkoreanischen Botschaft in Peking geschafft hatten – keine geringe Leistung, wenn man an die Entfernung und die damit verbundenen Gefahren denkt –, wurde ihnen dort die kalte Schulter gezeigt.

Man sagte ihnen: »Wir wollen unserer Beziehung zu China keinen Schaden zufügen. Ich fürchte, wir können Ihnen nicht helfen. Sie sind auf sich allein gestellt.« Mit anderen Worten: Tun Sie uns den Gefallen und verschwinden Sie.

Seit dem Koreakrieg verband China mit Nordkorea eine »mit Blut besiegelte Freundschaft«, in deren Rahmen sie ein »Grenzsicherheits-Kooperationsabkommen« vereinbart hatten. Schöne Worte für ein ganz einfaches Verfahren: Floh man aus Nordkorea, hatte dann aber das Pech und wurde aufgegriffen, wurde man zurückgeschickt.

Stichwort Erschießungskommando.

Was Südkorea betraf, so war der Handel mit China das Entscheidende. Der war offensichtlich weit wichtiger, als einem Landsmann zu helfen.

Doch Kim war in Ordnung. Er war ein guter Mensch, und ich vertraute ihm total.

»Lass mich mit meinen Söhnen und ein paar Freunden reden, denen ich vertrauen kann. Ich lasse mir etwas einfallen. Mach dir keine Sorgen«, sagte er.

Ich schaute mich um und wollte beim Anblick dessen, was ich sah, weinen. Das Telefon auf dem Tisch. Ein Radio. Ein paar Früchte in einer Schüssel. Der Hund, der am Fenster schlummerte. Verglichen mit Nordkorea war dies Shangri-La.

Nach einer Weile kam Kim mit zwei Männern zurück, die ungefähr Mitte vierzig waren und sich als seine Söhne Chorusu und Choro herausstellten. Für mich sahen sie in ihrer eleganten, gut geschnittenen Kleidung und mit ihren japanischen Uhren unglaublich wohlhabend aus. Wie ihr Vater trieben sie mit Mehl, Reis und anderen Grundnahrungsmitteln Handel mit Nordkorea. Das war der legale Aspekt ihrer Geschäfte. Sie handelten aber auch mit Dingen, die unter ein Embargo fielen – Silber, Antiquitäten und ähnlichen Sachen.

»Ich kaufe altes japanisches Geld an, das in der Kolonialzeit benutzt wurde, und verkaufe es an einen japanischen Sammler. Der kann nicht genug davon kriegen. Ist mir nur recht!«, erklärte Chorusu.

Sie sagten, dass sie ihren Handel weiter stromaufwärts trieben, wo der Fluss schmaler war. Zu ihrem Glück hatte der jüngere Bruder, Choro, früher für den Sicherheitsdienst gearbeitet, und einige seiner Freunde waren immer noch dabei. So wusste er, wie sie vorgingen, was sehr nützlich war. Er schlug vor, dass ich öfter die Unterkunft wechseln sollte. Und genau das tat ich dann auch. Ich wohnte bei ihm, bei seinem Bruder, seinem Vater, bei vertrauenswürdigen Freunden.

Chorusus Haus kam mir mit all den elektrischen Geräten, den Bergen von weißem Reis und Schweinefleisch und seinen Händlerkumpanen, die dauernd vorbeikamen, um Karten zu spielen, wie ein Paradies vor. Alle rauchten und spielten und amüsierten sich. Sie nannten einander »Kollege« oder »Kumpel« oder »Freund«. Ich fühlte mich zurückversetzt in die Zeiten, als ich in Japan meine koreanische Mittelschule besuchte. Mir war klar, dass sie Chorusu respektierten. Und weil ich sein Gast war, waren sie mir gegenüber stets höflich und freundlich, und das war eine recht erfrischende Abwechslung. Wenn ich an meine Familie in Nordkorea dachte, hatte ich ein schlechtes Gewissen, dass ich diesen Luxus genoss, doch ich wusste, wenn ich auch nur eine Chance haben wollte, ihr zu helfen, musste ich zuerst meine eigene Kraft zurückgewinnen.

Ein paar Tage später hatte ich plötzlich die Idee, das Rote Kreuz in Tokio anzurufen. Einfach so kam mir wieder eine Erinnerung an einen Mann hoch, der, lange her, in den Achtzigerjahren dem Roten Kreuz geschrieben hatte und um Hilfe bat, damit er den verlorenen Kontakt zu seinen Verwandten in Japan wiederherstellen könne. Es dauerte nicht lange, da erhielt er eine Antwort, ein »Suchanfrageformular«. Der Mann war so glücklich gewesen, überhaupt eine Antwort erhalten zu haben, dass er das Formular jedem zeigte, der es sehen wollte. Als er es mir zeigte, warf ich einen Blick auf die Adresse und die Telefonnummer und dachte: Moment mal! Das könnte nützlich sein. Und auf der Stelle lernte ich damals die Information auswendig. Bis heute kann ich mich an sie erinnern.

Ich fragte Chorusu, wie ich einen internationalen Anruf tätigen könne. Dann nahm ich das Telefon und wählte. Während ich ein endloses Klicken und Surren hörte, hielt ich meinen Atem an.

Aber es funktionierte. Jemand ging ran. Eine weibliche Stimme.

Ich konnte kein Wort verstehen. Es war wirklich Japanisch. Aber es war schon so lange her. Ich war eingerostet.

»Ich Japaner. Ich in China. Bin mit Familie nach Nordkorea. Lange her. 1960. Ich zurück nach Japan. Bitte!« Das war alles, was ich sagen konnte.

Also sagte ich es wieder und wieder.

Sie konnte nicht verstehen, was ich meinte. Aber sie war so klug und stellte mich zu einer anderen Abteilung durch.

»Wie kann ich Ihnen helfen?«, fragte ein Mann.

Mit einem Mal konnte ich ein wenig klarer sprechen. Mein Japanisch kam zu mir zurück.

»Mein Name ist Ishikawa. Ich bin ein japanischer Bürger. Mein Vater war Koreaner. Meine Mutter Japanerin. Vor langer Zeit, 1960, wurde mein Vater dazu gebracht, mit uns nach Nordkorea überzusiedeln. Man versprach uns ein neues Leben in einem Paradies auf Erden. Die japanische Regierung war voll und ganz dafür. Die Vereinten Nationen hatten alle Informationen. Und Ihre eigene Wohltätigkeitsorganisation hat damals gerne die größte Massenmigration der Weltgeschichte abgewickelt. Haben Sie auch nur eine Ahnung, was man uns damit angetan hat? Man hat uns in eine echte Hölle geschickt. Ich habe es endlich geschafft zu fliehen. Die anderen nicht. Ich bin der Erste. Der Rest von uns stirbt oder ist schon tot. Es wäre schön, wenn Sie mir helfen könnten, wieder nach Hause zu kommen.« Es strömte alles aus mir heraus.

Stille.

Ich bin zu weit gegangen, dachte ich.

Doch dann sprach der Mann. Und er klang besorgt.

»Okay. Bitte warten Sie einen Moment. Ich werde das Rote Kreuz in China anrufen«, sagte er.

Eine freundlich gemeinte, aber haarsträubende Antwort.

»Haben Sie den Verstand verloren? Wenn Sie das tun, bin ich ein toter Mann.«

Ich wies ihn darauf hin, dass es die chinesischen Behörden nicht kümmern würde, was das Rote Kreuz zu sagen hätte. Sie würden mich einfach zurückschicken und ich würde erschossen werden.

Schließlich begriff er, wie schwierig meine Situation war.

»Okay. Ich rufe jetzt gleich mal im Außenministerium an«, sagte er.

Ich gab ihm Chorusus Nummer, dankte ihm und legte auf.

Man muss dem Mann zugutehalten, dass er sehr schnell handelte. Ungefähr eine Viertelstunde später bekam ich einen Anruf von jemandem aus der Abteilung Nordostasien des Asienbüros im Ministerium, der mir erklärte, ich solle die japanische Botschaft in Peking anrufen. Sie würden darauf warten, von mir zu hören.

Ich wählte die Nummer, die er mir gegeben hatte, und erzählte meine Geschichte erneut.

»Und Sie sind ganz bestimmt japanischer Nationalität?«

Ich gab dem Mann detaillierte Informationen über mich. Geburtsdatum. Geburtsort. Das genaue Datum, an dem ich nach Nordkorea eingeschifft wurde. Da musste es Aufzeichnungen geben.

Okay. Er werde alles seinem Vorgesetzten übermitteln und sich wieder bei mir melden.

Jeder schien zu bezweifeln, dass ich wirklich Japaner war. Rückblickend betrachtet kann ich niemandem Vorwürfe machen. Immerhin konnte ich die Sprache kaum mehr sprechen. Doch ich hatte eine Todesangst, dass ich jeden Moment verhaftet werden könnte, und das Gefühl, dass meiner Familie in Nordkorea die Zeit davonlief. Für Verständnis hatte ich keine Zeit. Ich brauchte jemanden, der mir half, zurück nach Japan zu gelangen, damit ich damit anfangen konnte, meinen Kindern zu helfen.

Nach dem, was Choro erzählte, gehörte das Abhören von Telefonen in Grenznähe zum Alltag. Es ging dabei nicht nur darum, Geflohene aufzufinden. In dieser Gegend gab es auch russische und südkoreanische Spione, die nach Überläufern suchten oder verdächtige Aktivitäten überprüften. Ich entschied, es sei das Beste, wieder umzuziehen.

Über die nächsten Tage wechselte ich von Haus zu Haus. Ich telefonierte weiter mit der Botschaft und man verwies mich an das japanische Konsulat in Shenyang.

»Seien Sie geduldig«, sagte man mir dort. »Wir versuchen, mit Ihren Verwandten in Japan Kontakt aufzunehmen.« Doch meine Geduld war langsam aufgebraucht.

Schließlich hatten sie Erfolg.

»Gratulation. Was Sie betrifft, ist jetzt alles abgeklärt«, sagten sie mir.

Um diese Zeit war ich bereits eine Woche in China und lebte in ständiger Angst, jeden Moment verhaftet zu werden. So rief ich das Konsulat in Shenyang an und sagte, ich könne nicht länger warten.

»Na okay. Sie müssen nach Shenyang kommen. Bitten Sie doch die Leute, die Ihnen bislang Schutz geboten haben, Sie hierherzubringen. Wir bezahlen sie für ihre Mühen. Direkt vor dem Konsulat ist ein riesiger Fernsehsendeturm mit einer Brücke. Seien Sie übermorgen um fünf Uhr nachmittags da. Haben Sie das verstanden?«

Ich hängte auf und wandte mich an die Brüder.

»Ihr habt weit mehr als nur eure Pflicht getan, doch ich muss euch noch um einen letzten Gefallen bitten. Es ist ein großer. Könnt ihr mich nach Shenyang bringen? Das Konsulat wird eure Kosten übernehmen«, sagte ich.

Choro zögerte nicht einen Augenblick. »Sicher. Wann fahren wir los?«, fragte er.

Alles, was ich tun konnte, war, nicht in Tränen auszubrechen.

»Wie wär's denn mit gleich?«, fragte ich.

Wir lachten alle.

Chorusu erreichte einen Freund, der ein Auto hatte, und fragte ihn, ob er uns fahren könne.

Er konnte.

Noch vor Sonnenuntergang war der Reiseplan festgelegt.

Choros Frau wollte gerne mit uns kommen, daher waren wir also insgesamt zu fünft.

Bevor ich abfuhr, schaute ich noch bei Herrn Kim senior vorbei. Ich konnte ihm für alles, was er für mich getan hatte, nicht genug danken. Als ich versuchte, meiner Dankbarkeit Ausdruck zu verleihen, strömten mir die Tränen übers Gesicht. Ich wusste, dass ich ihn nie wiedersehen und nie in der Lage sein würde, mich für seine Freundlichkeit, mein Leben zu retten, zu revanchieren.

Dann quetschten wir fünf uns in den Wagen und fuhren los.

Shenyang war ungefähr zweihundertfünfzig Kilometer Luftlinie entfernt. Um mit dem Auto dorthin zu kommen, mussten wir das Changbai-Gebirge überqueren. Wenn wir ohne Pause fuhren, konnten wir es in zwei Tagen schaffen. Die Bergstraßen waren eng und kurvenreich und mit Kontrollpunkten übersät.

Als unser Fahrer vor uns den ersten Kontrollpunkt erblickte, rief er mir eine Warnung zu. Ich tauchte auf dem Rücksitz ab und verkroch mich unter einem Futon. Mein Herz wummerte in meiner Brust. Die Gebrüder Kim hockten sich auf mich.

Ich hörte die Stimme eines Soldaten. Sie klang jung und freundlich.

»Wo wollt ihr denn hin, Leute?«

»Verwandte in Shenyang besuchen.«

Und das war's. Der Soldat fragte noch nicht einmal nach unseren Reisegenehmigungen. Er ließ uns einfach durch.

»Wir sind durch«, sagte Chorusu und hob den Futon hoch.

Ich kroch darunter hervor und setzte mich hin.

Ich war erstaunt, dass wir so einfach durch den Kontrollpunkt gekommen waren. Ich musste danach fragen.

»Also, diese Soldaten, weißt du ... die sind hier an diesen abgelegenen Kontrollpunkten, mitten im Nirgendwo, stundenlang ganz allein. Sie mögen einfach zwischenmenschlichen Kontakt.«

Nachdem ich sechsunddreißig Jahre lang in Nordkorea gelebt hatte, hatte ich das Gefühl, als wäre ich auf einem anderen Planeten.

Wir fuhren zwei Tage lang fast nonstop. Die eine oder andere Toilettenpause. Ab und an ein Nickerchen. Sonst nichts. Wir erreichten Shenyang gegen zwei Uhr nachmittags am Tag meiner Verabredung.

Ich hatte noch nie so viele Autos gesehen. Sie waren überall, eine große, sich dahinwälzende Masse. Aber ich war kaum aufnahmefähig. Ich war atemlos vor Aufregung, aber auch extrem nervös. Hier in der Stadt gab es schließlich ein nordkoreanisches Konsulat. Und es gab Geheimpolizei.

Wir fanden den riesigen Fernsehturm. Der Mann am Telefon hatte recht gehabt. Man konnte ihn nicht übersehen.

Wir parkten das Auto in der Nähe, stiegen aus und gingen in Richtung der Brücke. Die Kim-Brüder nahmen mich zwischen sich.

Als wir zur Brücke kamen, rief ich das Konsulat von einem öffentlichen Telefon aus an. Meine Hand zitterte, als ich mir den Hörer ans Ohr hielt.

»Hallo? Hier ist Ishikawa. Ich bin an der Brücke. Ich glaube nicht, dass wir bis zum vereinbarten Zeitpunkt warten können. Zu gefährlich. Vielleicht wird dieser Anruf ja abgehört. Ich will nicht aufgegriffen werden. Bitte kommen Sie und holen Sie mich jetzt.«

Ich legte den Hörer auf, ohne auf eine Antwort zu warten.

Chorusu sagte zu mir – und das werde ich nie vergessen: »Mach dir keine Sorgen! Wenn etwas passiert, werde ich mein Leben riskieren, um dich zu beschützen.«

Ich nickte, aber ich konnte mich nicht so recht konzentrieren. Ich hatte das Gefühl, als wäre jeder um mich herum eine Bedrohung. Ich war davon überzeugt, jeden Moment festgenommen zu werden. Mein Herz hämmerte. Meine Kehle war trocken und meine Handflächen waren schweißbedeckt.

Plötzlich rief jemand hinter mir meinen Namen.

»Sind Sie Herr Ishikawa?«

Ich drehte mich um und sah zwei Männer in teuren Anzügen vor mir stehen.

»Mein Name ist Kusakari«, sagte der eine. »Ich bin vom Konsulat. Sie haben ja ein grauenhaftes Martyrium durchgemacht. Ich grüße Sie. Lassen Sie uns gehen!«

Er nahm meinen Arm und wir machten uns auf.

Der zweite Mann dankte Choro und Chorusu und händigte ihnen einige Banknoten aus. Einen richtigen Haufen Geld, soweit ich sehen konnte. Ich war erleichtert, dass sie für all das, was sie für mich getan hatten, eine Entschädigung erhielten.

Die Brüder schauten überrascht.

»Ich weiß nicht, was ich sagen soll. Ich werde euch nie genug danken können. Passt auf euch auf!«, sagte ich.

»Mach's gut! Lass es dir gut gehen!«, riefen sie. Dann winkten sie. Und das war's. Dann waren sie für immer verschwunden.

Wir gingen zum Konsulat, das nur ungefähr fünfhundert Meter entfernt lag und von vier hohen Mauern umgeben war. War mir sehr recht. Vor dem Eingangstor standen voll bewaffnete chinesische Polizisten. Um 14.30 Uhr nachmittags betraten wir das Konsulat. Ich kann gar nicht beschreiben, wie es sich angefühlt hat, da drinnen zu sein. Ich war sehr bewegt und hatte gemischte Gefühle. Trotz all meiner Erleichterung und meiner schwindelerregenden Skepsis gingen mir eindringliche Bilder meiner Kinder durch den Kopf. Ein scharfer Anflug von Schuldgefühlen hallte in mir wider. Und das hat nie aufgehört.

Ich wachte immer wieder mitten in der Nacht auf. Der rationale Teil von mir wusste, dass ich in Sicherheit war. Dennoch hatte ich Albträume, erwischt und festgenommen zu werden, und wachte oft in kalten Schweiß gebadet und mit pochendem Herzen auf. Das geringste Geräusch erschreckte mich – sogar ein Knarren des Bodens oder das Rascheln der Äste draußen. Ich war überzeugt, dass die Geheimpolizei kommen und mich mitnehmen würde.

Der Konsul war sprachlos, als er mich das erste Mal sah.

»Mein Gott! Wie konnten die Sie bloß so behandeln? Sie sehen ja aus wie ein Skelett«, sagte er. Seine Frau brach in Tränen aus, als ich ihr erzählte, dass Menschen tatsächlich verhungerten. Sie hatte entsprechende Gerüchte gehört, doch die Wahrheit war noch viel schlimmer, als sie gedacht hatte.

So etwas wie das Zimmer, in dem ich untergebracht war, hatte ich noch nie erlebt. Ich hatte zwei komfortable Betten und ein eigenes Badezimmer. Das war eine Welt, von der ich, während ich nur darum gekämpft hatte, am Leben zu bleiben, nie zu träumen gewagt hätte. Über die nächsten Tage waren meine Emotionen allgegenwärtig. Ich befand mich noch immer im Schockzustand und konnte nicht glauben, dass ich es geschafft hatte, dass dieser Raum, in dem ich mich aufhielt, nicht bloß ein ausgeklügelter Schwindel war. Und während ich mich von der Erleichterung, es so weit geschafft zu haben, überwältigt fühlte, quälte mich der Gedanke an meine Kinder. Alles, was ich in meinem Kopf hören konnte, war, wie sie mir zuriefen: *Papa! Papa!* Es war schwer, das Essen, das mir hingestellt wurde, zu genießen, wenn ich dabei an sie dachte, wie sie in Nordkorea hungern mussten. Ich dachte daran, wie ich vor dem Schlafengehen mit meinen Kindern immer gesungen hatte. Alle drei konnten sehr gut singen. Wenn sie sangen, konnten sie ihren Gefühlen Ausdruck verleihen. Sangen sie ein trauriges Lied, sangen sie unter Tränen. Daran kann ich auch jetzt nicht denken, ohne selbst zu weinen.

Zwei Wochen vergingen. Als ich mich eines Morgens rasierte, stellte ich fest, dass ich langsam wieder eine Gesichtsfarbe bekam und meine Wangen nicht mehr ganz so hohl waren wie zuvor. Aus Sicherheitsgründen war mein Aufenthalt auf das Zimmer beschränkt. Die Köche und die Dienstmädchen waren über meine Anwesenheit nicht informiert, denn der eine oder andere von ihnen hätte ein Undercoveragent sein können. Auch wäre möglich gewesen, dass mich jemand den Behörden gemeldet hätte. Aus diesem Grund hatten wir vorsorglich einen Code vereinbart. Klopfte jemand fünfmal an der Tür, konnte ich sie öffnen. Andernfalls hielt ich sie verschlossen. Nur die japanischen Mitarbeiter wussten etwas von mir.

Die für mich zubereiteten Mahlzeiten waren angeblich für die Frau des Konsuls gedacht. Sie gab vor, sie zu essen, brachte sie dann aber insgeheim zu mir. Gott weiß, was sie dann selbst aß. Ich erinnere mich noch gut an diese Mahlzeiten – sie waren nicht von dieser Welt. Nun ja, zumindest für mich war das so. Es gab reichlich Gemüse und Fleisch. Hätte man mir so etwas in Nordkorea vorgesetzt, ich hätte alles nur so hinuntergeschlungen – aber ich war die ganze Zeit so besorgt, dass ich kaum Appetit hatte.

Schaute ich tagsüber aus dem Fenster, konnte ich auf der anderen Straßenseite Männer sehen. Ich war überzeugt davon, dass das Geheimpolizisten waren, die mein Fenster beobachteten. Und dann hörte ich Schritte auf dem Dach. Zumindest bildete ich mir das ein. Ich erzählte Kusakari davon. Danach hat er einige Schwachstellen, die er angeblich ausgemacht hatte, zugenagelt und versperrt. Ich denke, das tat er nur, um mich zu beruhigen.

Der Konsul versuchte, meine Nerven zu besänftigen. »Machen Sie sich keine Gedanken! Wir bringen Sie zurück nach Japan«, sagte er. Nach neun Uhr abends, wenn alle Mitarbeiter gegangen waren, nahm er mich manchmal mit in den Aufenthaltsraum. Dort gab es eine Karaokemaschine und einen Fernseher. Einmal fiel ihm ein Shogi-Brett in die Hände und er sagte fröhlich: »Kommen Sie! Lassen Sie uns spielen!«

Ich wusste nicht, was der Konsul und seine Mitarbeiter tagsüber machten, weil ich mein Zimmer nicht verlassen konnte, doch ich war ziemlich sicher, dass sie auf irgendeine Weise mit der chinesischen Regierung verhandelten. Und dann tauchte der Erste Sekretär der japanischen Botschaft in Peking auf. Da war ich dann einigermaßen sicher, dass ich richtiglag.

Der Erste Sekretär war ein intellektueller Typ. Ich stellte ihm ein paar Fragen, um meine Situation besser zu verstehen, aber er entgegnete nur: »Machen Sie sich keine Gedanken. Seien Sie stark!« Sonst nichts.

Ein paar Tage später kam er in mein Zimmer und gab mir ein Dokument. »Lesen Sie das und unterschreiben Sie es bitte«, sagte er.

Das Dokument war ein persönlicher Brief des Außenministeriums. »Erzählen Sie eine Zeit lang niemandem, dass die japanische Regierung geholfen hat, Sie zu retten« war darin zu lesen. Natürlich unterschrieb ich das Dokument sofort und der Erste Sekretär fuhr zurück nach Peking.

Etwa eine Woche danach lud mich der Konsul vor und mein Gesicht wurde fotografiert. Mir wurde gesagt, dass das Foto für einen Reisepass bestimmt sei.

Ich war besorgt, dass irgendetwas hinter meinem Rücken lief. Ich meine, natürlich war ich froh über den Reisepass. Das war eine sehr vielversprechende Entwicklung. Aber warum dauerten die Verhandlungen so lange? Ich war überzeugt, dass sich irgendwelche Schwierigkeiten aufgetan hatten.

Als ich an jenem Abend mit dem Konsul Shogi spielte, fragte ich ihn danach. Er hatte mir teuren französischen Cognac zu trinken gegeben, und so war ich ihm gegenüber vielleicht direkter, als es angemessen gewesen wäre. Aber ich machte mir Sorgen um meine Familie und bekam es, was die Zukunft betraf, zunehmend mit der Angst zu tun.

»Wann kann ich zurück nach Japan gehen? Ich denke, es ist an der Zeit, dass Sie es mir sagen«, sagte ich.

Mitten im Zug hielt er inne und blickte mich an.

»Die chinesische Regierung hat Ihnen noch kein Ausreisevisum erteilt. Aber es bleibt nur noch eine Formalität. Der Erste Sekretär hat sein Bestes versucht, alles in Ordnung zu bringen. Ich denke, das Blatt wird sich bald zu unseren Gunsten wenden. Machen Sie sich also keine Gedanken! Entspannen Sie sich!«

Nach Ansicht der japanischen Regierung waren Leute wie ich, die nach Nordkorea übergesiedelt waren, aber ihre Nationalität nicht geändert hatten, noch immer japanische Bürger. Doch die nordkoreanische Regierung hatte andere Vorstellungen. Ihrer Ansicht nach waren alle Japaner, die nach Nordkorea immigrierten, eben aufgrund dieser Tatsache Nordkoreaner. Von ihrem Standpunkt aus hatte mich die japanische Regierung praktisch gekidnappt.

Der Erste Sekretär und das Außenministerium hatten darauf bestanden, dass ich, Masaji Ishikawa, ein japanischer Bürger sei und die chinesische Regierung damit auch keinen Grund habe, mich nach Nordkorea zu deportieren. Das war das Problem bei den Verhandlungen. Der Kernpunkt war, zu gewährleisten, dass die chinesische Regierung ihr Gesicht wahren konnte.

Ein paar Tage später, ich unterhielt mich gerade mit dem Konsul, rief der Erste Sekretär aus Peking an. Als der Konsul den Hörer abhob, drehte er das Radio auf und erklärte mir: »Wenn ich das tue, können sie uns nicht abhören.«

Nach dem Anruf rief er alle Leute zusammen, die mit meinem Fall zu tun hatten.

»Die chinesische Regierung wird in diesem Fall ein Auge zudrücken. Genauer gesagt hat sie entschieden, dass es keine Rolle spielt, wenn Herr Ishikawa China ohne ihre Genehmigung verlässt. Das ist die gute Nachricht. Die *schlechte* Nachricht ist, wenn er von der Geheimpolizei oder von einem Spion aufgegriffen wird, sieht sich die chinesische Regierung nicht in der Lage, ihm noch zu helfen.«

Der Erste Sekretär schätzte, dass es noch ein paar Tage dauern würde, ein Flugzeug zu organisieren und die Verhandlungen abzuschließen. Er sagte, er würde uns in vier Tagen erneut kontaktieren, und dann sollten wir uns nach Dalian begeben, in die Stadt, von der aus ich abfliegen würde.

Damit war ich nicht einverstanden. »Wenn wir uns erst nach Dalian aufmachen, nachdem er uns kontaktiert hat, und ich dann aufgegriffen werde, ist die ganze Sache vorbei. Ich denke wirklich, wir sollten jetzt schon nach Dalian fahren und darauf warten, dass er uns dort kontaktiert«, sagte ich. Ich war sicher, die chinesische Regierung würde das Telefon im Konsulat abhören, wenn wir also dann erst aufbrachen, würde die Polizei zu ebender Zeit, die wir am Telefon verabreden würden, auf uns warten.

Der Konsul dachte über das, was ich gesagt hatte, nach, schaute auf die Uhr und sagte: »Okay. Machen wir das. Lasst uns sofort losfahren!« Es war bereits nach Mitternacht.

Die Mitarbeiter trafen die notwendigen Vorbereitungen.

Die Frau des Konsuls gab mir zum Anziehen einen der Anzüge des Konsuls. Er war aus einem wunderbaren Stoff gefertigt. So etwas hatte ich noch nie getragen. Offen gestanden hatte ich so etwas vorher noch nicht einmal *gesehen*. Obwohl ich später feststellte, dass er nicht besonders modisch oder von Spitzenqualität war, hatte ich damals das Gefühl, als würde ich das Gewand eines Prinzen anziehen. Nachdem ich mich umgezogen hatte, gab sie mir noch eine Tasche mit weiteren Kleidungsstücken mit.

Wir gingen Arm in Arm die Treppe hinunter. Einige Polizisten bewachten das Gebäude, deswegen verhielt sie sich, als wäre ich ihr Ehemann. Wir spazierten langsam, wie ein sich liebevoll zugetanes Paar, das gemeinsam die Nachtluft genießt, im Garten herum. Sie summte ein Lied, das ich nicht kannte. Zuerst wunderte ich mich, dass sie sang, doch dann begriff ich, dass sie es tat, weil ich zu schweigsam war.

Sterne waren keine zu sehen und die Nacht war sehr ruhig. Verzehrt von dem Gedanken an das, was vor mir lag, konnte ich den Moment gar nicht genießen. Aber ich konnte sehen, was sie tat. Und sie war großartig. Ich meine, sie führte nicht nur die Polizisten an der Nase herum; sie versuchte auch noch dafür zu sorgen, dass ich mich entspannte.

Ich war zu Tränen gerührt.

Während unserer zweiten Runde durch den Garten sagte sie plötzlich: »Herr Ishikawa, bitte gehen Sie weiter zur Garage. Gute Reise!«

Und damit schubste sie mich durch eine Tür.

Ich konnte nicht verstehen, was sie meinte. Aber ich konnte den Klang von Motoren hören. Und dann stellte ich fest, dass am Boden eine Ecke ausgehoben worden war. Ich kletterte in das Loch hinein und fand einen Tunnel, der gerade so groß war, dass man hindurchkriechen konnte. Ich brauchte keinen Wegweiser. Ich kniete einfach nieder und krabbelte, so schnell ich konnte, vorwärts.

Als ich aus dem Tunnel herauskam, warteten da drei Autos. Aus einem der Autos hörte ich eine gedämpfte Stimme rufen.

Es war die Stimme des Konsuls.

Ich rannte zu dem Wagen hinüber und sprang hinein.

Jemand schloss die Tür, und alle drei Wagen fuhren in einem Konvoi los.

Auf dem Weg nach Dalian gab es mehrere Kontrollpunkte. Jedes Mal wenn wir uns einem näherten, streckte ich mich auf der Rückbank aus und verbarg mich unter einer Decke. Wir aßen im Auto und hielten nur für Toilettenpausen. Unser Ziel war eine Art Verbindungsbüro für japanische Firmen, die in Dalian Geschäfte machten. Es wurde von der japanischen Regierung betrieben und würde mir geeigneten Schutz bieten. Am nächsten Abend kamen wir schließlich beim Verbindungsbüro an.

Ich kann gar nicht sagen, wie erleichtert ich war, aus Shenyang herauszukommen, ohne erwischt zu werden.

Schaut man auf eine Landkarte, sieht man, dass Dalian westlich von Nordkorea liegt. Japan hingegen liegt natürlich östlich davon. Genau genommen lag das Höllenloch, das mein Leben ruiniert hat, also immer noch herausfordernd zwischen dem Ort, an dem ich mich gerade befand, und dem Ort, an dem ich sein wollte.

Dalian ist zudem eine Hafenstadt, von der aus man zumindest auf das Meer schauen kann, wo man den weiten Horizont sehen kann und die Schiffe, die hinaus in die Freiheit fahren. Vergessen wir aber die Geografie. Noch war ich hier in diesem Verbindungsbüro eingesperrt und unsicher, ob mir die chinesischen Behörden tatsächlich die Ausreise erlauben würden. Also konzentrierte ich mich auf das Meer. Der Gedanke, dass es ganz nahe war, gab mir Hoffnung und entlockte mir ein Lächeln. Japan lag gleich hinter dem Horizont.

Im Gebäude war es trotz eingeschalteter Heizung kalt. Daher ließen wir uns alle gemeinsam in einem Raum nieder. Das passte mir gut. Ich fühlte mich sicher, und es war schön, Gesellschaft zu haben. Ich konnte über meine Träume für die Zukunft reden und über die Pläne, wie ich meiner Familie zur Flucht verhelfen wollte.

»Ich will mir sofort eine Arbeit besorgen. Es ist mir egal, was für eine. Ich werde alles tun und hart arbeiten – das habe ich immer getan. Ich muss nur etwas Geld sparen, um meine Familie nach Japan holen zu können. Deshalb bin ich hier. Dafür habe ich mein Leben riskiert.«

Alle nickten und murmelten etwas zu meiner Unterstützung.

Am nächsten Tag traf der Erste Sekretär ein. Er war sehr überrascht, dass wir bereits in Dalian waren. Er arbeitete intensiv an meinem Fall, rief die Botschaft in Peking an, überprüfte *dieses* Detail zweimal, hob *jenen* Punkt hervor. Seine Planung war akribisch. Ich kann sagen, dass er sich voll und ganz der Aufgabe widmete, und ich fühlte mich in seinen Händen total sicher.

Als er mich am nächsten Morgen aufsuchte, war er ganz überschwänglich.

Er sagte, wir sollten für ein Foto posieren.

»Es ist endlich alles geregelt. Aber ich muss Sie warnen. Sollte irgendetwas schiefgehen, haben wir nie von Ihnen gehört. Tut mir leid, aber das muss so sein. Doch machen Sie sich keine Sorgen. *Nichts* wird schiefgehen. Dafür habe ich gesorgt, ganz sicher. Bereiten wir Sie darauf vor, hier rauszukommen. Doch zuerst lassen Sie uns ein Foto machen, das wir uns für den Rest unseres Lebens immer wieder anschauen können«, sagte er.

Dieses Bild habe ich bis heute. Ich wirke darauf sehr nervös, aber meine Augen glänzen. Funkelnd von meinen Zukunftsträumen.

Kurz nach dem Mittagessen kam der Konsul auf mich zu und schüttelte mir die Hand.

»Sind Sie bereit?«, fragte er. Ich nickte und versuchte, nicht zu zeigen, wie ängstlich ich war.

Er übergab mir etwas.

»Nutzen Sie das, wenn Sie nach Japan kommen. Sie werden es brauchen«, sagte er.

Es waren fünfhundert Dollar.

Noch nie hatte ich eine solche Summe in meinen Händen gehalten. Seine Großzügigkeit verblüffte mich, doch es war keine Zeit mehr für lange Erklärungen der Dankbarkeit. Ich stopfte das Geld in meine Jackentasche und murmelte ein kurzes Dankeschön.

»Okay, Leute. Es ist an der Zeit. Gehen wir!«

Wir drängten uns in die wartenden Autos, die uns zum ungefähr fünfzehn Minuten entfernten Flughafen brachten.

Vor mir konnte ich den Terminal sehen, aber kein einziges Flugzeug, doch ich hörte, dass eines im Landeanflug war.

Als ich gerade die Wagentür öffnen wollte, ergriff der Erste Sekretär meine Hand.

»Von jetzt an wird nicht mehr geredet. Okay? Folgen Sie mir einfach. Und sagen Sie kein Wort!«, erklärte er.

Kaum war ich aus dem Auto gestiegen, umringten mich die Mitarbeiter des Konsulats und rauschten mit mir in die Eingangshalle des Flughafens. Alle bewegten sich sehr zielstrebig. Sehr schnell. Niemand blickte sich um.

Leute, die in die entgegengesetzte Richtung unterwegs waren, hielten inne und blickten erstaunt. Ich kann mir vorstellen, dass wir eine recht seltsam wirkende Gruppe waren.

Passkontrolle? Nichts da. Wir gingen schnurstracks zum Gate für den Abflug. Den Reisepass, den ich gar nicht vorzeigen musste, habe ich immer noch. Darin ist ein Stempel des Konsuls in Shenyang, dass er bis 11. November gültig sei. Eine einmalige Verwendung. Ein weiterer Stempel bestätigte meine Ankunft auf dem Flughafen Tokio-Narita. Aber woher kam ich? Es war ein Geheimnis. Eine Leerstelle.

Als ich erst einmal den Flugsteig erreicht hatte, überkam mich eine Welle der Erleichterung. Es war offensichtlich, dass es sich um eine konzertierte Aktion handelte. Die chinesische Regierung hatte die Kontrolle. Bald war ich auf dem Weg.

Wir gingen hinaus auf das Rollfeld. Es war bewölkt. Kalt. Vor mir konnte ich ein großes Flugzeug mit silbernen Flügeln sehen.

Gemeinsam mit dem Ersten Sekretär stieg ich die Treppe hoch. Als ich an der Flugzeugtür angekommen war, erschienen zwei Frauen vor mir. Flugbegleiterinnen. Sie strahlten über das ganze Gesicht.

»Willkommen zurück!«

Ich lugte in das Flugzeug. Da war niemand an Bord. Es war ein Charterflug. Nur für uns.

Ich drehte mich um, um mich zu verabschieden, und der Konsul und seine Mitarbeiter winkten mir alle zu. Ich versuchte, »Danke« zu sagen, doch ich bekam kein Wort heraus, weil ich heulen musste wie ein Baby.

Die Flugbegleiterinnen brachten mich zu meinem Sitz. Ich schnallte mir meinen Sicherheitsgurt um. Die Triebwerke fingen an zu dröhnen und das Flugzeug setzte sich in Bewegung. Kurz darauf donnerten wir über die Startbahn. Als das Flugzeug abhob, drehte sich mir der Magen um.

Es war der Abend des 15. Oktober 1996. Kurze Zeit später landete das Flugzeug in Tokio. Ich war zurück in Japan.

Es hatte sechsunddreißig Jahre gedauert, bis ich wieder nach Hause kam, aber ich hatte es endlich geschafft.

EPILOG

Da war ich nun. Wiedergeboren. Noch einmal. Aber wie fühlte ich mich? Überwältigt von vielfältigen Emotionen. Als ich während des Landeanflugs aus dem Fenster schaute, konnte ich kaum glauben, dass ich auf mein Heimatland blickte. All die Lichter, die da unten glitzerten, sahen aus wie Juwelen. Ich war überglücklich, endlich zurückzukehren, die Hölle von Nordkorea hinter mir zu lassen und eine Chance zu haben, mir eine Zukunft nach meinen eigenen Vorstellungen schaffen zu können. Nach so vielen Jahren der Hilflosigkeit und Verzweiflung würde ich nun endlich in der Lage sein, etwas für meine Familie zu tun. Diese funkelnden Lichter gaben mir einen Hoffnungsschimmer. Was auch immer nötig sein würde, ich würde alles tun, um meine Familie aus Nordkorea herauszuholen. Es war schwer für mich, daran zu denken, was sie gerade alles ertragen mussten, doch ich gönnte mir die Vorstellung, wie es sein würde, wenn wir alle zusammen in Japan wären.

Aber meine Träume sollten noch einmal zerschlagen werden. Und jetzt? Jetzt bleibt mir nur noch eines. Mein einziger wirklicher Besitz. Ich muss leider sagen, dass es Bitterkeit ist. Verbitterung über die Grausamkeit des Lebens.

Als ich wieder zurück in Japan war, organisierte das Außenministerium für mich für die ersten paar Tage eine Unterbringung in verschiedenen Hotels in Tokio. Der Erste Sekretär blieb ein paar Tage bei mir, doch bald musste er zurück zu seiner Arbeitsstelle in Peking. Ein Mann mit dem Namen Matsui ersetzte ihn. Matsui, der als stellvertretender Direktor des Büros für asiatische und ozeanische Angelegenheiten, Abteilung Nordostasien, tätig war, half mir, in eine wochenweise gemietete Wohnung umzuziehen. Dann war er weg, und ich war allein, völlig allein.

Eines Tages kam Matsui bei mir vorbei. Er befragte mich über die Ernährungslage in Nordkorea. Doch er wollte von mir nichts über irgendeinen anderen der sogenannten Rückkehrer wissen und er fragte auch nicht nach meiner Familie. Natürlich wollte ich vor allem über meine Familie reden. Ich war nicht nur wegen mir aus Nordkorea geflohen. Der entscheidende Punkt war, meine Familie da herauszuholen. Wenn sie nicht herkommen konnte, dann waren meine Mühen für mich eine Zeitverschwendung gewesen.

Matsui wurde nach Peking entsandt, um die Stelle des Ersten Sekretärs zu übernehmen. So bekam ich einen neuen Betreuer. Er nahm mich mit in ein örtliches Gemeindebüro, um mir zu helfen, eine Aufenthaltskarte und so weiter zu bekommen. Danach brachte er mich zu einem behördlichen Wohnheim.

»Hier werden Sie von jetzt an leben«, erklärte er mir.

Es war ein Rehabilitationszentrum unter der Verwaltung des Ministeriums für Gesundheit, Arbeit und Wohlfahrt, voller Alkoholiker und Leute, die zu krank waren, ihren Lebensunterhalt selbst zu verdienen. Es hieß Hamakawa und lag in Tokios Stadtteil Shinagawa. Was für ein Ort!

Ich war gelinde gesagt frustriert. Warum wurde ich behandelt, als wäre ich krank? Wir waren zu viert in einem engen Raum einquartiert, nur Vorhänge trennten uns voneinander. Da gab es Drogenabhängige, die wegen des Entzugs am ganzen Körper zitterten, tätowierte Menschen, die den ganzen Tag und die ganze Nacht vor sich hin murmelten. Ich hätte ja Mitleid mit ihnen empfunden, hätte ich in meinem Kopf und in meinem Herzen Platz für solche Dinge gehabt. Hatte ich aber nicht. Ich war einfach verzweifelt, weil ich eine Arbeit finden und meinen eigenen Lebensunterhalt verdienen wollte, und ärgerte mich über alles, was mir dabei im Wege stand.

Doch dann geschah etwas Unglaubliches. Nach ein paar Tagen fingen die Medien an, mich zu kontaktieren – Leute von Zeitungen wie der *Mainichi, Yomiuri,* der *Japan Times* ... Ich hatte keine Ahnung, wie sie von mir erfahren hatten. Die einzigen Menschen, die davon wissen konnten, dass ich nach Japan zurückgekommen war, waren einige wenige Personen im Außenministerium und ein paar weitere im Einwanderungsbüro. Ich geriet in Panik und kontaktierte den Ersten Sekretär, nur dass dieser kein Erster Sekretär mehr war. Zu dieser Zeit arbeitete er im Asien-Pazifik-Büro.

Er war schockiert, als ich ihm berichtete, was geschehen war.

»Himmel! Wenn herauskommt, dass die japanische Regierung Ihnen geholfen hat, werden wir alle gefeuert. Bitte reden Sie mit niemandem«, bat er.

Ich wusste alles, was das Ministerium für mich getan hatte, zu schätzen, also ließ ich mich selbstverständlich nicht auf Gespräche mit Journalisten ein. Doch dann erklärte mir ein Parlamentarier, dass er sich mit mir treffen wolle. Er gehörte einem parlamentarischen Ausschuss an, der sich mit einem nordkoreanischen Verschleppungsskandal befasste, nachdem eine Reihe japanischer Bürger gekidnappt, unter Drogen gesetzt und nach Nordkorea entführt worden waren.

Ich beschloss, mich mit ihm zu treffen, in der Hoffnung, dass er vielleicht etwas in Bewegung setzen und helfen könnte, meine Familie herauszuholen.

Er war freimütig und freundlich. »Ich wollte Sie einfach kennenlernen. Sie haben ein echtes Martyrium durchgemacht, nicht wahr?«, sagte er.

Ich wartete darauf, dass er mir sagte, was er von mir wollte – oder mir Gelegenheit gab, über meine Familie zu sprechen. Doch außer »Alles Gute!« hatte er nur wenig zu sagen.

Nach dreißig Minuten ging ich.

Dann bekam ich die Möglichkeit, ein weiteres Mitglied des Parlaments zu treffen, doch auch er ignorierte meine Bitten um Hilfe. Schlimmer noch, ich musste feststellen, dass er keinesfalls in eine solche Angelegenheit verwickelt werden wollte.

Sie schienen alle gleich zu sein. Ich war schockiert, erkennen zu müssen, dass sie an Nordkorea einfach nicht interessiert waren. Ich versuchte weiterhin, meine Argumente für meine Familie vorzubringen, doch überall stieß ich nur auf taube Ohren.

Nach einem Jahr verließ ich das Wohnheim Hamakawa. Die Wahrheit ist, dass es mir nicht gelang, einen anständigen Job zu finden. Ich versuchte alles, aber es war nicht einfach. Ich hasste es, dass ich darauf angewiesen war, auf Kosten der Wohlfahrt zu leben, und dass ich meiner Frau und meinen Kindern nichts schicken konnte, aber ich war nicht gerade der ideale Kandidat. Man stelle sich nur vor, wie mein Lebenslauf aussah. Ausbildungshintergrund? Eine heikle Angelegenheit. Arbeitserfahrung? Wollen Sie das wirklich wissen?

Einmal bekam ich einen Job bei einer Reinigungsfirma. In meinem Lebenslauf hatte ich behauptet – wie mir der Erste Sekretär geraten hatte –, ich sei aus Südkorea zurückgekehrt. Das Problem war, dass die Leute viele Fragen stellten. Wie war es denn in Südkorea? Wie ist es damit und wie war das denn? Da ich ja nie dort gewesen war, konnte ich natürlich keine richtigen Antworten geben. Allmählich verbreitete sich das Gerücht, ich sei ein nordkoreanischer Spion. So musste ich schließlich gehen.

Danach ging ich noch zu vielen Vorstellungsgesprächen, doch jedes Mal scheiterte ich – aufgrund der schlechten wirtschaftlichen Lage, wegen meines Alters, meines unklaren Hintergrunds und wer weiß, warum sonst noch.

Abgesehen von meiner Arbeitssituation gab es noch einen weiteren Anlass für Kummer, mit dem ich mich abzufinden hatte, einen sehr viel persönlicheren. Das Außenministerium hatte die Verwandten meiner Mutter aufgespürt, doch niemand wollte mich sehen. Als ich einen meiner Cousins anrief, schlug er vor, dass wir uns treffen sollten. Doch als ich ihn zum zweiten Mal anrief, sagte er mir, ich solle ihn nicht mehr anrufen, und hängte den Hörer einfach auf. Wahrscheinlich dachte er, ich würde ihn um Geld bitten wollen.

Also keine Arbeit. Keine Familie. Keine Freunde. Sicher, ich war froh, nicht mehr hungern zu müssen. Aber es war schwer, ganz allein zu sein. Es war schwer, sich von einer Regierung so im Stich gelassen zu fühlen, der sehr wohl bewusst war, dass wir praktisch unter Druck zur Auswanderung gezwungen worden waren. Dennoch behauptete sie, dass wir keinen Anspruch auf Unterstützung oder Hilfe hätten, weil wir aus freiem Willen gegangen seien.

Eines Tages war ich völlig mittellos und so verzweifelt, dass ich den Ersten Sekretär anrief.

»Ich brauche Ihre Hilfe«, sagte ich.

»Ich kann Sie nicht treffen. Ich habe zu viel zu tun. Die japanische Regierung hat Opfer für Sie erbracht. Das müssen Sie verstehen. Sie müssen eine Möglichkeit finden, aus eigener Kraft zu leben und sich selbst zu helfen«, meinte er.

Ich wollte schon sagen: »Haben Sie jemals mit Ihren bloßen Händen eine Hütte gebaut? Haben Sie die Leiche Ihrer Mutter einen Berghang hochgeschleppt? Haben Sie ums Überleben gekämpft, indem Sie sich von Unkraut ernährt haben?«

Aber es war nicht sein Fehler. Eigentlich war er ein guter Mensch. Er verstand mich einfach nicht.

Das erste interkoreanische Gipfeltreffen fand im Juni des Jahres 2000 in Pjöngjang statt. Die japanischen Medien meinten, es sei ein Zeichen des »Fortschritts im Hinblick auf eine Versöhnung zwischen Norden und Süden« gewesen.

Vergesst die Raketen.

Vergesst die Missachtung der Territorialgewässer.

Oh, und wir haben uns in Kim Jong-il getäuscht. Vielleicht ist er letztendlich ja gar nicht so übel. Es war Zeit für uns, unsere »Ansichten zu ändern«.

Ich sah die Bilder von Kim Jong-il, wie er mit Kim Dae-jung, dem Präsidenten von Südkorea, sprach. Damals waren sie ständig im Fernsehen. Aber ich konnte den Anblick dieser Bilder nicht ertragen.

Jeden Tag dachte ich daran, dass meine Familie in Nordkorea noch immer ums Überleben kämpfte. Und mit ihnen zahllose andere, die langsam verhungerten. Viele Nächte lang lag ich wach, weil mich ihre Bilder quälten. Kim Jong-ils Machtposition war bestenfalls schwach. Nach dem Tod von Kim Il-sung hatten führende Mitglieder der Partei die Seiten gewechselt und sich aufgemacht nach Südkorea. Und dann verschwanden auch die führenden Militärs, die Kim Il-sung nahegestanden hatten. Kim Jong-il wusste, dass all das Gerede von einer Wiedervereinigung nur eine Farce war. Ihm war nur wichtig, dass er auf der Weltbühne präsent war und endlich ernst genommen wurde.

»Ein Land mag zerstört werden, doch seine Berge und Flüsse werden immer bleiben.« Ich hatte diesen Spruch immer so verstanden, dass sich, egal, was passiert, die Landschaft der geistigen Heimat eines Menschen nie verändert. Doch da lag ich falsch. Oder vielmehr der Spruch war falsch. Nachdem ich nach Japan zurückgekommen war, besuchte ich die Stadt, in der ich geboren wurde. Ich sehnte mich danach, ein Gefühl der Zugehörigkeit wiederzuerlangen, und ich dachte, dass die mir einst vertraute Landschaft einige schöne Erinnerungen an meine Kindheit wecken würde und mir damit helfen würde, meinen Schmerz zu heilen. Aber nein. Die Stadt war nicht mehr wiederzuerkennen. Und die Landschaft, von der ich dachte, dass sie mich ermuntern und trösten würde, war verschwunden. Ich hatte nicht nur mein Heimatland verloren, sondern auch meinen Geburtsort. Und so bin ich jetzt hier, an einem Ort, wo ich nicht hingehöre.

In gewissem Sinne existiere ich nicht einmal; ich hänge zwischen zwei Welten in der Luft. Die japanische Regierung hat bislang noch immer nicht offiziell anerkannt, dass ich überhaupt je nach Japan zurückgekehrt bin. So bin ich jetzt also hier, doch offiziell »lebe« ich hier nicht. Ein Leben des »Nichtlebens«. Das scheint mein Fluch zu sein.

Obwohl mein Leben in Bezug auf ein Überleben jetzt viel einfacher ist, werde ich nach wie vor von sehr einfachen Dingen verfolgt. Wenn ich etwas esse, das in Japan als Grundnahrungsmittel gesehen wird – etwas viel Einfacheres als alles, was die meisten Japaner essen, sagen wir: nur Reis –, schaue ich es an und frage mich, für wie viele Mahlzeiten das in Nordkorea reichen würde. Und nicht nur für wie viele Mahlzeiten, sondern für wie viele Tage mit Mahlzeiten. Das Problem ist, solche Gedanken machen es mir unmöglich zu essen, weil mein Herz dann vor Trauer schwillt. Wissen Sie, was ich tue, wenn mich solche Gefühle quälen? Ich gehe zum Ozean und werfe den Rest den Möwen zu. Ich möchte diese Nahrung meiner Familie in Nordkorea zukommen lassen. Aber ich kann nicht. So vertraue ich sie den Möwen an. Und in meinem Herzen tragen sie sie davon, zu meiner Familie. Dann muss ich weinen.

Aus einem Brief, den ich schon vor langer Zeit erhalten habe, weiß ich, dass meine Frau gestorben ist. Sie wurde an einem Berghang in Hamju begraben. Der letzte Brief, den ich von Myong-hwa erhielt, kam im Herbst 2005 an.

> *Hilf mir! Ich will bei dir leben. Ich habe absolut nichts. Ich habe zwei Kinder. Ein Sohn ist zwei Jahre alt, der andere fünf.*

Ich war verzweifelt; ich hatte bei dem niedrigen Lohn, für den ich nun arbeitete, nicht genug, um ihr Geld schicken zu können. Daher schaute ich mich sofort nach einem weiteren Job um und fand einen als Reinigungskraft in einem Gebäude in der Nähe des Tokyo Tower. Dort arbeitete ich für einen Monat und hatte lange Arbeitstage von fünf Uhr in der Frühe bis ein Uhr nachts, und gleich nachdem ich meinen Lohn erhalten hatte, ging ich in Tokio zur Post, um ihr zehntausend Yen zu schicken. Später erhielt ich einen Brief von Ho-son. Er informierte mich, dass sie verhungert sei. Sie war Ende zwanzig. Das Geld, das ich ihr geschickt hatte, kam zu spät, um ihr noch helfen zu können. Von Ho-son hatte ich davor zuletzt 1998 etwas gehört; die Nachricht, die er damals geschickt hatte, war die, dass sich Ho-chol mit seinen vier Kindern in einem Kohlerevier nach Arbeit umsehen wollte. Danach kamen mit einem Mal keine Briefe mehr. Seither habe ich nicht mehr als ein paar Stunden am Stück geschlafen. Ich habe immer noch die Hoffnung, meine verbliebenen Kinder retten zu können. Es ist ein fürchterliches Übel, nicht einmal zu wissen, ob sie überhaupt noch leben. Aber ich glaube, dass sie noch leben. Ich muss daran glauben – sonst könnte ich nicht mehr weitermachen.

Oft denke ich darüber nach, was aus mir geworden wäre, wenn ich in Nordkorea geblieben wäre. Ich wäre vermutlich auch verhungert. Aber immerhin wäre ich dann in jemandes Armen gestorben und hätte meine Familie dabeigehabt. Wir hätten uns voneinander verabschieden können. Wie wäre das jetzt noch möglich?

Die Leute reden über Gott. Obwohl ich ihn selbst nicht sehen kann, bete ich dennoch für ein glückliches Ende.

ÜBER DEN AUTOR

Masaji Ishikawa wurde 1947 geboren. Sein Vater war koreanischer Nationalität und lebte in Japan. Seine Mutter war Japanerin. 1960, als er dreizehn Jahre alt war, wanderte seine Familie nach Nordkorea, in das »Land der Verheißung« aus. 1996 unternahm er einen verzweifelten Versuch, dieser Hölle auf Erden zu entkommen.